LA CARTA DEL ÉXITO

CRISTÓBAL PÉREZ BERNAL

LA CARTA DEL ÉXITO

Siempre estuvo ahí, esperando que la abrieras, dispuesta a cambiar tu vida…

Nota a los lectores: Esta publicación contiene las opiniones e ideas de su autor. Su intención es ofrecer material útil e informativo sobre el tema tratado. Las estrategias señaladas en este libro pueden no ser apropiadas para todos los individuos y no se garantiza que produzca ningún resultado en particular. Este libro se vende bajo el supuesto de que ni el autor, ni el editor, ni la imprenta se dedican a prestar asesoría o servicios profesionales legales, financieros, de contaduría, psicología u otros. El lector deberá consultar a un profesional capacitado antes de adoptar las sugerencias de este, la integridad de la información o referencias incluidas aquí. Tanto el autor, como el editor, la imprenta y todas las partes implicadas en el diseño de portada y distribución, niegan específicamente cualquier responsabilidad por obligaciones, pérdidas o riesgos, personales o de otro tipo, en que se incurra como consecuencia, directa o indirecta, del uso y aplicación de cualquier contenido del libro.

Este libro no podrá ser reproducido, ni total ni parcialmente, sin previo permiso escrito del autor. Todos los derechos reservados.

Título: **La carta del éxito**
© 2019, Cristóbal Pérez Bernal

Autoedición y Diseño: 2019, Cristóbal Pérez Bernal

Primera edición: julio de 2019
ISBN-13: 9788-84-09-11469-6
Depósito legal: 31687448A

cristobalperez.es
lacartadelexito.com

La publicación de esta obra puede estar sujeta a futuras correcciones y ampliaciones por parte del autor, así como son de su responsabilidad las opiniones que en ella se exponen.

Quedan prohibidas, dentro de los límites establecidos por la ley y bajo las prevenciones legalmente previstas, la reproducción total o parcial de esta obra por cualquier medio o procedimiento, ya sea electrónico o mecánico, el tratamiento informático, el alquiler o cualquier forma de cesión de la obra sin autorización escrita de los titulares de copyright

A mis padres,
ejemplos de vida y amor,
a mis hijos, Pablo y Lena,
por ser la fuente de mi inspiración,
a mi mujer,
porque sin ella el camino no hubiera sido tan bello,
a Laín,
por hacer posible el sueño,
y a todos y cada uno de mis alumnos
que tanto me han enseñado
y me enseñan cada día…

GRACIAS

Reconocimientos a
La carta del éxito...

El libro *La carta del éxito* es un libro sorprendente porque, tras una maravillosa historia novelada escrita de forma exquisita, hay una lectura que te atrapa y te invita en cada página a seguir leyendo hasta terminarlo, y tras la historia de sus protagonistas, se esconde un verdadero manual de crecimiento personal. Las principales claves de las leyes universales se van desarrollando mientras el autor nos cuenta las vidas paralelas de Toni y Ángel. Desde mi modesta opinión, un libro a la altura de las mejores obras de Paulo Coelho. Una auténtica obra maestra de la literatura que recomiendo leer.

Javier González González
Director Legal Área Familia Casasempere abogados
Autor del libro Bendice tu divorcio

La carta del éxito es una historia fascinante que te atrapa de principio a fin. Un libro que cuenta la historia de dos hermanos, que puede ser la tuya propia. Dos historias paralelas llenas de aprendizajes, desafíos y cómo enfrentarlos. Una lectura fantástica para entretenerse, para crecer y para compartir.

José Vicente Gargallo, *autor de la trilogía*
Las cenizas de nuestros padres

La carta del éxito es una increíble historia que nos aporta la luz necesaria para entender cómo podemos dar un giro a nuestra vida conociendo las claves para poder dirigirla y saber cuál es el motivo de que nos ocurran las cosas que nos ocurren.

La diferencia entre vivir dormidos o vivir despiertos. Pero, sobre todo, que nunca es tarde para despertar y dar un giro de timón. Gracias, Cristóbal, por compartir esta maravillosa historia de superación y motivación.

Raquel París, *autora del libro* ¿Te sientes libre?

Adentrarte en *La Carta del Éxito* te hará ver que una vida satisfactoria depende en parte de las enseñanzas heredadas de tus progenitores. Pero también podrás comprobar que, con los conocimientos adecuados, cualquier edad es perfecta para cambiar tu vida, tu actitud ante ella y ante las dificultades.

Laura Lostao Fuertes, *autora de Puedes cambiar tu mundo*

Este libro ha tocado muy en lo profundo de mi ser, el autor me ha hecho ver las capacidades enormes que tiene el ser humano para superar, adaptarse y reinventarse siempre, en una misma vida. Este libro ha despertado en mí dar rienda suelta a mis sueños. Gracias, gracias, gracias.

Silvina González-Nina, *licenciada en kinesiología y fisioterapia, madre de tres hijos y autora de la trilogía Tu vida en colores*

La Carta del Éxito es una novela apasionante llena de autosuperación y reflexión. Esta carta te invita a tomar conciencia de la importancia de tus decisiones y, sobre todo, de perdonar.

Te impulsa a dejar atrás tus momentos más trágicos para despuntar y alcanzar el éxito que tanto tiempo lleva esperándote.

Marta Nogués, *autora de la saga Sí a la vida, subcampeona de Europa, finalista en Campeonatos del Mundo de Natación y Veterinaria.*

¿Qué te aportará la lectura de este libro...?

En sus páginas no solo se narran las historias de Toni y Ángel, lo más importante, lo que realmente encontrarás entre las alegrías y desdichas de estos personajes, será la descripción de principios y leyes universales que muy pocos seres humanos han llegado a conocer y, mucho menos, a aplicar en su día a día.

Atrévete a descubrir, no más allá de tu interior, las respuestas que estás buscando, eliminar las dudas que te atrapan y, lo más importante,

reconocer CÓMO SERÍA UNA VIDA DE ÉXITO PARA TI Y QUÉ PUEDES HACER PARA VIVIRLA.

Has venido para vivir una vida de éxito,

¡¡descubre cómo alcanzarla!!

Prólogo Lain

Las personas no son hijas de las circunstancias, sino que las circunstancias son las hijas de las personas.

Nosotros creamos nuestra realidad día a día, con nuestras DECISIONES.

¿Pero de verdad ninguna circunstancia es capaz de cambiar nuestro destino para siempre?

Cuando era más pequeño no me atrevía a meter la cabeza debajo del agua y me rechazaron de todos los clubes de natación a los que iba. Pero mi madre insistió y gracias a ello fui campeón de España y miembro de la selección española de natación compitiendo internacionalmente.

¿Gracias solo a mi madre que insistió?

Pues tampoco eso pues somos tres hermanos y yo fui el único que compitió internacionalmente y quedó campeón de España.

¿Entonces cuál es el secreto?

Pues no hay uno, son varios, pero sí sabemos donde se almacenan esos secretos, en tu MENTE.

Si pudieras tomar conciencia de esos secretos y pudieras conocerlos, estudiarlos y aplicarlos, entonces seguro que aún en las peores circunstancias podrías crear la vida que deseas y mereces.

No conocerlos, sin embargo, tiene consecuencias, y ninguna de ellas es buena. Por eso estoy contento de que estés aquí y si este libro llegó a tus manos es para poder ayudarte más en tu evolución hacia el descubrimiento más grande que vas a tener jamás, el de conocerte a ti mismo más, más y más.

Gracias Cristóbal por escribirlo y a ti, amado lector, por leerlo.

LAIN, autor de la Saga de LA VOZ DE TU ALMA.

www.lavozdetualma.com

"TODO EL MUNDO PUEDE SER GRANDE... PORQUE CUALQUIERA PUEDE SERVIR. PARA ESO NO NECESITAS UN TÍTULO UNIVERSITARIO. NO NECESITAS HACER QUE SUJETO Y VERBO CONCUERDEN. LO ÚNICO QUE NECESITAS ES UN CORAZÓN PLENO DE GRACIA, UN ALMA NACIDA DEL AMOR".

M. Luther King

PRIMERA PARTE

Treinta años antes…

El final...

La mano que empuñaba el arma era la mía, la cabeza a la que estaba apuntando, también. Una gota de sudor fría, como el acero del cañón, resbalaba por mi mejilla, ella daría la salida, o el final... Llevaba una eternidad ahí, apuntando a mi cabeza, apretándome la sien con el arma que nunca debí haber comprado, pero no encontraba el valor de hacerla disparar.

Ella sería mi aliada, cuando esa última gota de sudor abandonara mi rostro, cuando dejase de sentir su recorrido por mi piel y antes de que tocara la mesa sobre la que me apoyaba... apretaría el gatillo y todo habría acabado, o quizás algo mejor, todo comenzaría de nuevo, porque ya mi vida hacía tiempo que había terminado...

Un final muy distinto...

"En la vida hay tres constantes: el cambio, la elección y los principios".

S. Covey

Había llegado el momento, cerré los ojos fuertemente, todo mi cuerpo se contrajo centrando la atención en la punta del arma y, en ese mismo instante, un sonido extraño sustituyó al estallido del disparo, algo que nunca había oído en esta casa, un sonido que daba una nueva oportunidad a mi duda y que me hizo abrir los ojos y bajar el brazo.

No podía recordar la última vez que sonó el timbre de la puerta, hacía años que nadie me visitaba, que nadie venía a solicitar nada, a ofrecer nada... y menos a esta casa en la que ahora me había tocado vivir, situada en una especie de ciudad fantasma, en una zona apartada de la ciudad de Los Ángeles.

Era una ciudad dormitorio que aún olía a pueblo y sonaba a silencio, habitada por trabajadores que llegaban a casa al atardecer, aparcaban en su sótano y vivían...

Tras las cortinas de sus casas podía ver familias, parejas, personas que aún vivían... Yo hacía tiempo que dejé de hacerlo... y justo ahora llamaban a la puerta.

Mi expareja siempre decía que no existían las coincidencias, yo nunca le hice caso ni había dado importancia a esa frase. Desde mi punto de vista, la vida pasaba, y de una u otra forma las cosas ocurrían como debían ocurrir y nada podíamos hacer por evitarlo.

No sé si fue la duda por saber quién había interrumpido mi tan ansiado final o el miedo a oír el estallido del arma lo que me hizo levantar y dirigirme hacia la puerta, pero todo había cambiado y, aunque no sabía por cuánto tiempo, volvía a respirar con cierta normalidad.

Abrí la puerta sin preguntar, sin mirar antes para saber qué me esperaba al otro lado, varias veces había estado cerca de la muerte y sabía que ella nunca llama a la puerta; nada ni nadie podría hacerme más daño del que ya había sufrido y estaba sufriendo.

Pero al abrir encontré algo peor que la muerte, algo peor que todo mi sufrimiento. Al otro lado de la puerta… estaba yo.

Cuando todo cambió...

"La juventud de hoy ama el lujo. Es maleducada, desprecia la autoridad, no respeta a sus mayores y chismea mientras debería trabajar. Los jóvenes ya no se ponen de pie cuando los mayores entran al cuarto. Contradicen a sus padres, fanfarronean en la sociedad, devoran en la mesa los postres, cruzan las piernas y tiranizan a sus maestros".

Sócrates, hace 2.500 años...

Me sentía la persona más incomprendida del mundo. Estaba a punto de cumplir quince años, solo unas horas me separaban de esta emocionante edad, y mis padres no me permitían llegar a casa más allá de las diez de la noche y, para colmo, ese viernes era mi tía la que me había escrito un mensaje pidiéndome que no me retrasara. Seguro que quería darnos nuestro regalo de cumpleaños y, claro, más allá de las diez ya sería tarde, mis padres volvían a tener la excusa perfecta para hacerme llegar en hora.

Todos mis amigos podían hacerlo, era viernes y lo normal es que estuvieran al menos hasta las once o doce de la noche, algunos de ellos incluso marchaban a casa solos, sin necesidad de que sus padres los recogieran. Rosa, por ejemplo, tenía carta libre cada fin de semana hasta las doce de la noche, le decíamos "La Cenicienta", porque siempre esperaba hasta el último momento para ir corriendo a casa. Julio y Sebas siempre eran los últimos, les llamábamos "los vampiros", porque podían estar hasta altas horas y sus padres nunca les habían recriminado por ello.

Pero mi situación era muy distinta: tenía unos padres chapados a la antigua y, en apoyo a esto, un hermano aún peor que ellos. Ángel nunca discutía con mis padres por este motivo, él siempre conseguía lo que esperaba en relación a sus actividades deportivas y con esto se sentía satisfecho. No le gustaba ninguna de las amigas del grupo y le encantaba llegar a casa temprano para jugar *online*. Éramos idénticos, pero solo físicamente. Éramos los gemelos que todos confundían, habíamos crecido con dos nombres, acostumbrados a que amigos, familiares y profesores no fuesen capaces de decir quién era quién, y aunque en ocasiones teníamos sentimientos y sincronías que nos sorprendían a nosotros mismos, ambos sabíamos que yo era la oveja negra de la familia.

No era bueno en los estudios, no era bueno con los deportes, no era bueno aceptando normas… A veces incluso me preguntaba por qué seguían queriéndome como lo hacían.

Aún recuerdo el olor de mi madre abrazándome al llegar a casa, lo hacía cada vez que llegaba, viniese de donde viniese, llegase cuando llegase, o la voz de mi padre dulce y templada, preguntando irónicamente si mi novia había comprendido esa noche que tuviera que llegar a casa tan pronto…

Lo recuerdo como si fuese ayer mismo, pero no puedo recordar los abrazos ni las frases de aquel viernes. Aquel viernes antes de mi decimoquinto cumpleaños fue muy distinto, aquel viernes todo cambió y una vida nueva comenzó para nosotros, los hermanos Ángel y Toni.

Uno no siempre encuentra lo que espera en la fiesta...

"La vida es un desafío, hay que tomarlo".

M. Teresa de Calcuta

Al llegar a casa, esperaba como siempre abrazar a mi madre sin ganas, recriminarle que estaba harto, que sería la última vez que llegaba a esa hora, que desde mañana mismo y dado que ya tendría quince años no volvería a llegar a las nueve de la noche, que no podrían arruinarme mi fiesta de cumpleaños poniéndome una limitación absurda, que, que, que... No pude decirles nada, ese viernes no estaban en casa, y ya jamás volverían a estarlo. En casa solo estaban mis tías y no estaban en disposición de recibir quejas. Sus ojos enrojecidos y sus lágrimas contenidas nos dejaron sin palabras. Ellas tampoco podían hablar y solo nos abrazaron, cada una a uno de nosotros, y lloraron, lloraron sin decirnos qué pasaba, lloraron en nuestros hombros y, aunque su dolor no les permitía emitir palabras, su mensaje llegó a nuestros corazones y ambos rompimos a llorar, paralizados, con miedo a preguntar, sin querer oír la causa de tanto sufrimiento.

Fue Ángel quien se atrevió...

—¿Qué ha pasado? ¿Dónde están nuestros padres?

—Han tenido un accidente —respondió mi tía Lui mirando a mi hermano.

—Pero, ¿qué ha ocurrido? —grité mirando a ambas mujeres, consumidas por el dolor. Descubrí que había sentido ese grito como si viniese desde fuera de mí, como si fuese otra persona la que lanzaba esa pregunta desde una zona apartada, como si no fuese mi voz ni yo mismo el que preguntaba, por temor a la respuesta.

No hubo respuesta. Mi tía, la que con tanto amor me abrazaba hacía un instante, cayó arrodillada a mis pies agarrando mis manos…, la solté…, sus manos fueron a su rostro, las mías a mi cabeza… y salí corriendo…

Esa fue la primera vez que intenté huir, pero no la última.

***A veces, al despertar, no sabes dónde
estás, qué hora es... y, en ocasiones,
ni siquiera quién eres...***

> *"Hay dos grandes días en la vida de una persona, el día que nace y el día en que descubre por qué".*
>
> John C. Maxwell

Habían pasado dos semanas desde la tragedia, mi tía Lui no se había separado de nosotros desde aquella noche. Ella era todo corazón, como mi madre, y antes de aquel fatídico día, un alma alegre, pero por desgracia ya todo había tomado un nuevo cariz.

Era la mayor de tres hermanas, aunque nadie lo diría, estaba más próxima a los cincuenta que a los cuarenta. Sin embargo, su forma de vestir, siempre a la moda, sus peinados atrevidos y una actitud siempre positiva y divertida la hacían permanecer en una eterna juventud que tanto mi madre como la menor de las hermanas, Jessica, envidiaban.

Además, era la única de las tres que no estaba casada, su pasión por viajar y el mundo de la fotografía le habían permitido unir pasión y trabajo, lo que la convertía en uno de esos seres iluminados que viven una vida plena sin muchas necesidades ni exigencias a la vida.

Hasta ese momento, todos los recuerdos que tenía fuera de mi casa, los tenía junto a mi tía Lui. Estuvo en cada uno de nuestros viajes, en cada una de las aventuras fuera de casa, ella nos acompañó, a veces como una madre, otras como una hermana mayor, otras como nuestra mejor amiga. Era una gran mujer, pero desde aquel trágico día no había parado de llorar. La noche de nuestro decimoquinto cumpleaños, Lui cumplió todos los años que la vida le había perdonado, sus azules ojos se apagaron, su voz dejó de brillar y su rostro se marchitó.

Mi hermano y yo ese sábado también cumplimos muchos años, no llegamos a los quince como todos mis amigos con ansias de fiesta y de celebrar, no amanecimos sintiéndonos algo mayores y con ganas de comernos el mundo... ese día y muchos otros después nos despertamos llenos de dudas, de incertidumbre, de miedos... Y cada día buscábamos fuera lo que en casa nos faltaba.

Pronto pasé a ser uno de "los vampiros" y descubrí los porqués y los miedos de mis padres a la noche, y los exploré en la peor de las condiciones, sin temor a nada, porque nada podía hacerme más daño, sin tener que dar explicaciones, porque ya nadie me las pedía, sin miedo a perder, porque ya lo había perdido todo...

Una noche no llegué a casa, el día me sorprendió en un banco del parque a solo cien metros de mi puerta, no recuerdo cómo acabé allí, ni qué fue lo que me impidió avanzar esos últimos cien metros, quizás fue el alcohol... quizás los miedos... quizás la marihuana... quizás los odios... Solo sé que esa fue la última noche que pasé en Sitges...

Dos caminos... dos destinos...

"¿Por qué debería quedarme en el fondo del pozo, cuando una cuerda fuerte está en mi mano?".

Poeta Rumi

Me despertó mi tía Jessica como si estuviera en mi propia cama, me pidió que me levantara y, sin pedirme explicaciones ni reprocharme nada, me acompañó a casa.

Allí me esperaba mi hermano junto a Lui en la mesa de reuniones, como le llamábamos a la mesa de la cocina cuando nos sentábamos a solucionar conflictos, planear viajes o mantener reuniones extrañas que a mis padres se les ocurrían con las que pretendían planear nuestras vidas o llenarnos la cabeza de sueños absurdos e imposibles...

Ese día no se discutiría nada, todo estaba decidido. Mi tía Jessica había encontrado un trabajo en Madrid, era lo que siempre había soñado, presentar su propio programa de radio, y no podía dejar escapar la oportunidad. Además, atravesaba un proceso de separación con su pareja que, aunque todos sabíamos que era lo mejor que le podía pasar, para ella estaba resultando sumamente doloroso. La muerte de mis padres había sido el hecho decisivo que le había abierto los ojos y la empujaba en muchas de sus decisiones.

Al marchar ella, Tía Lui sería quien tendría que llevar todo el peso de nuestra educación, quien ocuparía la función de papá y mamá, cuando ni siquiera entre las dos habían podido aproximarse a desarrollar ese papel. "Divide y vencerás", fue la opción que pensaron que podía beneficiarnos más; y así lo habían decidido. Lui reconoció que ella no podía hacerse cargo de nosotros, no tenía fuerza ni autoridad para ayudar a dos adolescentes tan llena de dolor como en ese momento se sentía... Uno de los dos permanecería en Sitges con Lui y otro marcharía con Jessica a Madrid, a comenzar una nueva vida, a superar de la mejor manera posible tan dramática situación...

Dejaron en nuestras manos la decisión: seríamos nosotros quienes eligiéramos la ciudad donde rehacer nuestra vida... y lo tuve claro...

Pedí ser yo quien saliera de allí, de aquella casa de hermosos recuerdos, de duros sentimientos, de alegrías y tristezas enfrentadas. Ángel guardó silencio, una lágrima en su mejilla lo decía todo, nos fundimos en un abrazo y ese día comenzó una nueva vida... de nuevo...

Fue la segunda vez que hui...

Al otro lado de la puerta...

"Es en los momentos de decisión cuando se forma tu destino".

Tony Robbins

Habían pasado treinta años desde que me despedí de mi hermano en Sitges, y casi la mitad que no lo veía, que ni siquiera sabía nada de él.

El día que subí a ese tren, decidí que nada ni nadie impediría que fuera feliz, que quizás allí dejaba todo lo que me ataba y me impediría alcanzar una vida plena. El destino me había impulsado lejos para encontrar la felicidad que aún no buscaba, para encontrar el perdón que mis padres merecían y que yo denegaba; pero la vida nunca te ofrece más de lo que tú deseas, nunca te da más de lo que tú eres; y la mía lo demostraba...

Al otro lado de la puerta estaba Ángel, era mi viva imagen, pero con diez años menos. Parecía que los años para él hubiesen pasado mucho más lento que para mí, que la vejez me hubiese alcanzado de lleno y él aún le llevase ventaja.

Soltó la maleta que agarraba y me dio un abrazo...

—Toni, hermano, ¡cuánto tiempo! Te he echado tanto de menos... qué difícil ha sido encontrarte. —Nos fundimos en un abrazo que me hizo viajar en el tiempo, me llenó de olores familiares, a mamá, al mediterráneo, a meriendas en el jardín, me llenó de risas frente a una tarta de cumpleaños, de viajes compartidos, me llenó de amor, me llenó de paz... y lloré.

Lloré no sé por cuánto tiempo, pero lo hice como un niño desconsolado en los brazos de su madre, y solo cuando tuve fuerzas para hablar, dejé de abrazar a mi infancia, a mi familia, a mi ciudad natal, a mis amigos... a mi hermano.

—Toni, ¿cómo estás? —Mi hermano tenía una mirada serena, cálida, y por un momento sentí que esa frase no solo la decía él, que su consulta la hacían mis padres, mamá y papá me preguntaban en su nombre.

Y esto me llegó al alma.

Me di cuenta de que así lo sentía porque ya hacía mucho tiempo que nadie se preocupaba por mí, ¿desde cuándo nadie me preguntaba con un interés sincero? Descubrí la respuesta en la propia pregunta, nadie se interesaba por mí desde que yo dejé de interesarme por los demás.

No pude más que decirle la verdad...

—No estoy bien, Ángel, he tenido momentos mejores.

—Algo he oído, Toni, sé que la vida no te ha sonreído.

Agaché la cabeza como el niño que avergonzado reconoce que no lo ha hecho bien, y de nuevo me sorprendí siendo débil, pequeño y humilde en mis sentimientos.

Siempre alardeé de mi carácter duro e independiente. No necesitaba la aprobación ni el reconocimiento de los demás en mi trabajo, ni en mi vida, mi autosuficiencia me había salvado en muchas situaciones difíciles y a ella llevaba muchos años agarrándome.

PRIMERA PARTE

Pero Ángel había llegado justo cuando nada de lo que me había servido hasta ahora podía salvarme, cuando todo en mi vida se había venido abajo y en mi interior el vacío lo llenaba todo.

Cruzamos nuestras miradas y volvimos a fundirnos en un abrazo. Había tanto amor y ternura en mi hermano que solo tenía ganas de sentir su calor y tener su compañía.

Ángel entró en casa y empujó la puerta tras él, nada podía hacerme pensar que esa puerta que Ángel cerraba sería el cierre de muchas otras cosas en mi vida.

—Bueno, cuéntame, hermano, ¿por dónde empezamos?

—Ángel hablaba en un tono alegre y entusiasta mientras pasaba su mirada por la casa y arrastraba su maleta hacia el interior—. No sé nada de tu vida aquí, ¿desde cuándo estás en Estados Unidos, hermano? Te perdí el rastro en Nueva York y de eso hace ya más de diez años. ¿Dónde trabajas? ¿Tengo otra cuñada? ¿Sobrinos por fin?... —Sus preguntas eran continuas y, aunque muy directas, el aire desenfadado y risueño que las acompañaban hacían ver que realmente no esperaba una respuesta, sino que me estaba preparando para una larga conversación junto a una o dos tazas de café...

Pero llegó al salón y allí pudo ver el arma tal como yo la había dejado, sobre el cristal de una mesa despejada, junto a esa gota de sudor que había dado una salida no válida.

El sobre...

"La suerte no dura demasiado tiempo, porque no depende de ti, la buena suerte la crea uno mismo, por eso dura siempre".

Álex Rovira

La pistola en la mesa lo enmudeció, y mi silencio le dio la confirmación a lo que estaba pensando.

—¿Qué significa esa arma, Toni? ¿Por qué está ahí, hermano?

—Iba a quitarme la vida. Si hubieras llegado unos minutos más tarde ya nadie te hubiera abierto la puerta.

No pude mentirle, no pude esconder mi dolor, mi vacío, ni mis ganas de dejar este mundo. Él, la persona a la que más había querido tras la muerte de mis padres, la última persona de la que hui hace ya muchos años, había cruzado el planeta para venir a verme, y sin saberlo había venido a salvarme... o quizás sí lo sabía...

—Pero, ¿por qué? ¿Cómo has llegado a esa situación, Toni? ¿Por qué nunca me has llamado ni me has pedido ayuda? ¿Por qué te has aislado de esta forma cuando sabías que siempre hubiera estado a tu lado?

—No quería hacerte daño, Ángel, no quería ser una carga para nadie, todo lo que tengo en parte es merecido, otras muchas cosas han sido cuestión de suerte. A los hermanos Peñalosa Gavira la suerte les premió en sus dos versiones: a Ángel le llegó toda la buena suerte y la mala fue a parar al lado de Toni.

—¡Pero qué dices, Toni! Ya sabes que la suerte hay que salir a buscarla, que solo tú puedes crear tu buena suerte y que realmente ni siquiera existe. Lo que para ti puede resultar afortunado, para otro puede ser un infortunio.

—Has tenido suerte en la vida, Ángel, debes reconocerlo. Todo te ha sonreído, mira cómo vistes, cómo te conservas, todo lo que he oído de ti han sido elogios, ¿has venido en tu propio avión? ¿Y tu familia? Imagino que ya tendrás dos o tres hijos… Yo he tenido tantos cambios que ya ni sé quién soy.

—No sabes nada de mí, Toni, cuando te fuiste no sé qué te pasó, no entiendo cómo pudiste separarte así de tu familia. Y ahora llegas a esta situación, hermano. **¿Por qué nunca creíste lo que nos dijo papá? ¿Por qué siempre has ignorado sus consejos? ¿Por qué nunca diste una oportunidad a todo cuanto nos propuso?**

—¿Qué dices, Ángel? ¿De qué hablas? ¿Qué nos dijo, has hablado con papá? Es algo que te han colado en alguna de esas *"sectas"* tuyas, ¿no?

—No, Toni, me refiero a **LA CARTA**, la que nos entregó Tía Lui por nuestro cumpleaños.

La carta. Aquellos sobres que el día del entierro de nuestros padres Tía Lui nos entregó entre lágrimas. Los había encontrado entre los papeles de papá:

"Feliz Cumpleaños, Toni, espero que disfrutes de la vida tanto como yo lo he hecho, recuerda, la vida es como un espejo..."

Aún recuerdo lo que ponía en el sobre y esa frase de Gandhi que tanto nos repetía papá, lo había leído tantas veces durante mi juventud.

—Nunca la abrí, Ángel, la guardé aquel día lleno de rabia y dolor a la espera de encontrar el momento en que la vida me sonriera y fuese capaz de perdonarles.

—¿Perdonarles qué, Toni?

—No sé, nunca lo he sabido, solo he sentido que eran ellos los culpables de tanto sufrimiento y dolor, del abandono que sufrimos y de las dificultades a las que nos tuvimos que enfrentar solos. No sé por qué, Ángel, pero siempre les he reprochado que nos dejasen aquel día.

—Yo nunca me sentí solo, Toni, siempre los he sentido a mi lado y aún los siento, y el apoyo de nuestras tías fue fundamental en mi vida.

Mientras hablaba, Ángel sacó un pequeño plástico rojo de su chaqueta y de su interior un papel estropeado y deslucido, y prosiguió…

—Pero fue esto lo que más me ayudó en aquellos primeros años y a lo largo de toda mi vida, el sentir el amor que nos dieron y todo lo que nos enseñaron con sus acciones y el apoyo que, aún sin estar presente, esta carta nos brindaba. Ahora lo entiendo todo, hermano, ahora comprendo tus actos, tu actitud y cada una de las decisiones que tomaste. Me alegro de no haberte juzgado nunca, Toni, pero me arrepiento tanto de no habértelo preguntado antes…

Habían pasado treinta años… pero nunca es tarde…

SEGUNDA PARTE

Donde cambia mi vida

"Volví a sentir unas inmensas ganas de vivir cuando descubrí que el sentido de mi vida era el que yo le quisiera dar".

Paulo Coelho

Mi hermano se sentó a la mesa y me animó a hacerlo a su lado. Lanzó el arma al sofá con desprecio y seguridad, y comenzó a leer… yo… comencé a llorar…

Queridos Toni y Ángel, desde que llegasteis a este mundo y me hicisteis vuestro cuando os cogí en brazos y con vuestras diminutas manos apretasteis mi dedo por primera vez, supe que algún día os escribiría esta carta.

Sentía la necesidad de narraros por escrito todo cuanto la vida me ha enseñado y me ha permitido descubrir a lo largo de los años. Porque ha habido cosas que, al descubrirlas, me han llevado a preguntarme por qué nadie me lo había explicado antes, por qué aún no se enseñaba en las escuelas aquello que ya tantos habíamos descubierto y poníamos en práctica en nuestro día a día.

Ahora creo que ya ha llegado el momento de que conozcáis algunos de estos descubrimientos, de acercaros a algunos conceptos que están en los libros, pero no en las escuelas, de conocer algunas reglas.

Comenzáis a vivir situaciones donde papá y mamá ya no están a vuestro lado, o un poco apartados, en el parque, pero siempre vigilando; ya no estaremos cerca para protegeros en caso de peligro, comenzáis a volar solos y hay algo que debéis conocer. Pocas veces os hemos hablado de ello como lo voy a hacer ahora, pero descubriréis que, aunque no os lo hayamos dicho, siempre ha estado presente en nuestras vidas y hemos intentado no solo que lo conocierais, sino que lo aplicarais.

La vida no es más que un camino de crecimiento que Dios nos ofrece, y para recorrerlo nos entrega un cuerpo que solo durará una partida… Esta partida, la que todos los seres humanos jugamos, queramos o no, lo sepamos o no, tiene unas reglas, unas reglas universales que nos gobiernan desde el principio de los tiempos y que aún hoy muy poca gente conoce y utiliza para jugarla.

El que no se conozcan las reglas no quiere decir que no se te apliquen, no quiere decir que aquellos que no las conocen no sufren los beneficios o los perjuicios, **TODOS ESTAMOS INFLUIDOS POR ESTOS PRINCIPIOS**, *y por ellos nos van llegando situaciones, experiencias de crecimiento personal, que nos llevan a sentir cómo nuestra partida se nos está dando bien, o, por el contrario, estamos perdiendo continuamente...*

El conocimiento de los mismos no te dará la seguridad de la victoria continua, porque el encanto de este recorrido por la vida es que, como en todo juego, surgirán imprevistos, acontecimientos que te pondrán a prueba, te harán dudar y te obligarán a detenerte o incluso hacerte volver a empezar. Pero eso no será más que aquello que necesitas para acabar la partida, porque cada ser humano ha venido a aprender de la suya propia, que es única y nadie la podrá jugar en su lugar.

Además, te adelanto que habrá pruebas que hasta que no sepas superarlas se te volverán a aparecer, como cuando en el colegio al suspender asignaturas debes repetir curso. Mira a tu alrededor y compruébalo. Tienes amigos que, tras una relación de pareja inadecuada, acaban volviendo a caer en otra similar, o seres queridos que no paran de cometer los mismos errores.

Hasta que no se aprende a pasar esa prueba, volverás a vivirla una y otra vez... es parte de tu partida... ¿Y **por qué a otros no les pasa? Muy fácil, están jugando otra partida**, *han venido al mundo para crecer en otro aspecto, las reglas son las mismas, las pruebas... distintas...*

Y sobre estas reglas, que es lo único que puedo predecir que te encontrarás sí o sí, es de lo que te quiero hablar en esta carta... Te hablaré de algunas, las más importantes para mí, y cómo sus principios lo rigen todo a nuestro alrededor, pero no te pido que las estudies, que te sientes con papel y lápiz a analizarlas, lo que te pido es que las pruebes, que pongas a prueba todo lo que describo aquí y seas tú el que luego puedas contar a otros el funcionamiento de estas leyes, que, como ya he dicho, estuvieron, están y estarán en continua aplicación...

CAPÍTULO 1

Primeras enseñanzas...

"El pasado ha terminado, ya no tiene poder en el presente. Los pensamientos de este momento crean mi futuro".

Louise Hay

Comenzaré por una ley que también es conocida como la ley de hierro del universo, debido a la importancia que tiene en nuestras vidas. Simplemente dice que todo sucede por alguna razón, todo resultado viene precedido de unas causas que, sepámoslo o no, han existido previamente. De tal forma que, si quieres modificar algunos resultados que no te estén gustando en tu vida, solo tendrás que retroceder a las causas y modificarlas, o si, por el contrario, obtuviste resultados positivos, busca qué hiciste para conseguirlo y repítelo, ¡volverán a suceder!

También podrás comprobar que si haces lo que hacen las personas de éxito, alcanzarás el éxito, en cambio, si te unes a aquellos que llevan una vida de fracaso y llena de infelicidad, no te planteas las causas y te limitas a repetirlas, nada podrá evitar que acabes en su misma situación. De ahí la frase que alguna vez me habéis oído y desde ahora me oiréis repetir aún más: **"el águila que crece entre gallinas nunca intenta remontar el vuelo"**.

Y esto es así porque nuestros pensamientos dirigen nuestros resultados, todo es creado dos veces, primero en nuestra mente y luego en el plano físico. Nada de lo que vemos en nuestra realidad no ha sido pensado antes por alguien, predicho en la mente de otro ser humano o incluso por nosotros mismos. Por ello, debes cuidar tus pensamientos y las personas con las que te relacionas y te ayudan a forjarlos, llena tu mente de abundancia, propósitos, metas y grandes sueños, ya que, de lo contrario, pensamientos de escasez, dificultad y fracaso ocuparán su lugar y será eso lo que materialices en tu vida.

De esta forma tomarás las riendas de tu vida, sentirás que tienes el control y esto te hará avanzar a una velocidad mucho mayor que el resto, aquellos que en su desconocimiento siguen atrapados por factores externos, los cuales les dirigen, les presionan y les hacen actuar de la manera que ellos nunca lo harían.

Porque piensan que la vida es así, que es lo que les ha tocado y que el control de los acontecimientos no les corresponde... su punto de control se sitúa fuera... No conocen la importancia de sentir la responsabilidad cien por cien de sus vidas y este desconocimiento ha destrozado muchas de ellas. Tú procura sentir que diriges tu camino, que controlas tu partida, ya que realmente eres tú el que afrontas las dichas y los infortunios como tú decidas hacerlo.

Si tras una situación desafortunada te limitas a quejarte, culpar a otros de lo sucedido y justificarte, solo estarás atrayendo a tu vida más de lo mismo, junto a una gran cantidad de frustración y dolor por lo sucedido. En cambio, si lo tomas como una lección que aprender, observas qué podías haber hecho para evitarlo, qué causas provocaron ese efecto o, como decía el gran Napoleon Hill, qué semilla de éxito esconde, las situaciones que vengan después serán bien distintas y en ambos casos las habrás creado tú mismo con tu mente y tus actos.

Así que piensa que eres cien por cien responsable de cuanto te sucede, no busques culpables fuera, no te defiendas responsabilizando a otros, SIEMPRE ERES TÚ, YA QUE SOLO TÚ PUEDES CONTROLAR TU MENTE. Y con tu respuesta puedes resolver un problema haciéndolo un momento de crecimiento o puedes enredarte en él y convertirlo en el mayor de los sufrimientos.

Me encanta la frase que dice: "**en la vida algunas veces he ganado y otras... he aprendido**".

La vida de Toni...

Interrumpí la lectura de mi hermano...

—Me hubiera ayudado mucho, Ángel, he sentido cómo en infinidad de ocasiones me he dejado arrastrar, he tomado decisiones que no eran mías y, al no pertenecerme, acabaron destrozándome el alma.

»Llegué a Los Ángeles huyendo de las deudas y de una amenaza de muerte. Abandoné allí a la mujer más maravillosa que he conocido, Rosa. No te lo creerás, pero es Rosa, "La Cenicienta", nos volvimos a ver en Nueva York de la forma más increíble que puedas imaginar hace ya casi dos años...

»Durante dos semanas, mi compañero y yo trabajamos codo a codo casi quince horas diarias para presentar un ambicioso proyecto publicitario que permitiría a la empresa conseguir un contrato de siete cifras.

»Como gratificación, nos regalaron dos entradas para uno de los seminarios que Tony Robbins realizaba en la ciudad. Me recordó tanto a ti, que no pude más que aceptar la propuesta, aunque seguía pensando lo mismo que hacía veinte años, cuando aún en España me enviaste aquel *e-mail* animándome a hacerlo. Muchas veces he recordado el día que rechacé tu invitación a verlo en Londres, y cómo, con esta negativa, decidí sellar definitivamente todo contacto contigo y con mi pasado... Cuánto me he arrepentido, Ángel.

»Fue allí, en ese curso, donde entre casi diez mil personas me encontré con Rosa. Me conoció ella, yo no lo hubiera hecho; su aspecto físico había mejorado tanto. Conservaba su sonrisa de niña y su mirada atractiva, pero algo en su interior la hacía brillar de manera distinta y especial. Coincidimos en el mismo grupo de trabajo la primera mañana, y ya no volvimos a separarnos…

»Hasta hace unos meses, cuando una mala decisión me hizo caer en las apuestas y casi perder la vida.

»Uno de los pocos amigos que he tenido aquí en Estados Unidos era muy amante del póker y las apuestas, y un fin de semana de los que Rosa viajaba a España a ver a su familia volví a ser Toni Peñalosa, "El Español", y salí de fiesta… Tras casi dos días sin dormir me animó a entrar en un club de apuestas clandestino y ahí comenzó mi final. Pasó lo que me podría haber pasado diez o veinte años atrás, pero la suerte me había permitido evitar: caí en manos de la mafia. Delincuentes, extorsionistas y chantajistas comenzaron a perseguirme físicamente y mediante las redes sociales.

»Mi deuda con aquel local solo era de tres mil dólares y me permitieron marchar con la única promesa de volver el siguiente fin de semana. Pensé que sería algo normal, ejecutivos de la gran manzana no serían clientes habituales en aquel barrio. En aquel local, se fiaban de nuestra capacidad económica, aunque en realidad esos tres mil dólares no existían en mi cuenta y mi intención era la de no volver a pisar ese antro y dejar saldada la cuenta con los casi mil pavos que habían cargado a mi tarjeta en tantas partidas perdidas… pero nada era, ni por asomo, parecido a lo que me esperaba.

»La primera llamada telefónica me llegó el mismo lunes poco antes de que Rosa llegara a casa; me decían que la deuda era del doble y que debía ir esa misma tarde a pagarla. Se me vino el mundo encima cuando, al llamar a mi amigo esperando que él pudiera mediar y buscar alguna solución, lo único que me aconsejó fue que buscara el dinero y saldara la deuda. Esa fue la última vez que me cogió el teléfono, no he vuelto a saber de él.

»Cada día, cuando el reloj marcaba las nueve de la mañana, recibía un mensaje informándome de que mi deuda se había duplicado, y el viernes, según sus normas, la cantidad ascendía a noventa y seis mil dólares, los cuales debía pagar en 24 horas. Ahí dejaron de subir la cantidad, pero fue cuando empezaron realmente a exigir el pago.

»Ya no llegaban mensajes, ni *e-mails*, en su lugar eran continuas llamadas, coches en la puerta de casa, amenazas contra mí y contra Rosa, y esto era lo que más me dolía. Ella lo había dejado todo por mí: su empleo, su familia, su hogar, y se había venido al otro lado del mundo con el convencimiento de cambiar al hombre del que nunca debió enamorarse.

»Una tarde, al salir del trabajo, sin saber cómo, acabé en el interior de una furgoneta donde dos hombres de color, que duplicaban mi peso y estatura, me recordaron lo fácil que sería hacerme desaparecer... Fue la primera vez que pensé que no sería mala idea.

»Justo una semana después, cuando volvíamos de una cena con compañeros del trabajo, nos encontramos nuestra casa destrozada. Todo parecía que había sido un robo, pero la policía demostró lo que yo intuía. No encontraron huellas, pero tampoco explicación a lo sucedido. En casa no faltaba nada, parecía que habían estado buscando algo, y esto complicó aún más la situación... ya no solo tenía que ocultar lo ocurrido a Rosa, también a la policía.

»Al día siguiente convencí a Rosa para comprar un arma en uno de los antros que años atrás frecuentaba. Allí no pedían explicaciones, solo dinero, y te podían conseguir desde una pequeña navaja hasta un Kaláshnikov a estrenar. Yo me conformé con esa pistola de cien pavos, con la que, en mi ignorancia, pretendía defender a Rosa.

»Quién me iba a decir que sería a mí mismo la primera persona a quien apuntara.

»La noche del domingo escribí un mensaje, les dije que a la mañana siguiente podría conseguir gran parte de la cantidad y así lo hice, aun sabiendo que cometería el error más grave y doloroso de mi vida.

»Siempre he tenido dinero en la cartera, pero nunca en el banco. He derrochado mucho y no he sabido administrar tanto como he ganado. Solo disponía de un viejo plan de pensiones que ascendía a algo más de treinta mil dólares.

»Con esta cantidad no solucionaría nada, así que realicé una transferencia de veinte mil dólares desde la cuenta de Rosa a la mía. Con esta traición sellaba una relación que no merecí, y sé que destrocé la vida de la persona a la que más he amado.

»Ese lunes ya no fui a trabajar, por supuesto no dije nada a nadie, en su lugar dejé rastros que lo dirían todo... Me llevé algo de ropa, dejé mi portátil y mi móvil en casa sobre la mesa de trabajo y robé veinte mil dólares a mi pareja... No había mucho más que explicar...

»A las diez de la mañana salí del banco con cincuenta mil dólares y conduje hacia la casa de apuestas... En el camino caí en la cuenta de que llevaba todo lo que tenía... el dinero, mi arma, una pequeña maleta con lo necesario para comenzar una vida nueva y mucho, mucho miedo.

»Cuarenta y cinco años de vida y volvía a estar solo, sin nada ni nadie, en una nueva huida hacia ninguna parte. **La vida no me había sonreído nunca**, esto me lo repetía a mí mismo una y otra vez desde mi infancia, pero esa mañana, y al pensar en Rosa y cómo la había traicionado, fue la primera vez que caí en la cuenta de que **yo jamás le sonreí a ella**.

»Por supuesto, me estaban esperando, no sería la primera vez que timaban a un estúpido como yo. Me recibieron dos tipos de casi dos metros de alto, imaginé que serían los mismos que me asaltaron aquella tarde.

»Tras registrarme y encontrar la pistola, me acompañaron a un sótano con poca luz que olía a tabaco y perfume barato. Me habían quitado el arma, sin embargo, al desprenderme de ella mi pánico no aumentó, por el contrario, sentí que soltaba toda preocupación, que el vacío que llenaba mi vida hacía que ya nada ni nadie pudiese darme miedo, y creo que fue eso lo que salvó mi vida.

»Les hablé con calma y les planteé mi propósito haciéndoles ver que nada me importaba su decisión, yo ya había tomado la mía y era la única posible; lo que ellos decidieran, me era indiferente.

»Ante sus ojos vieron a un hombre perdido, descubrieron cómo habían destrozado mi vida y el poco valor que ya para mi tenía, en ese momento ya no podían conseguir más dinero de mí. No obstante, si me daban la posibilidad de recuperarme, de nuevo podrían amenazarme y llenarme de dolor hasta que pagara el resto de mi deuda... Mi propuesta era la mejor opción para ambos.

»Dejarían en paz a Rosa, no volverían a molestarla, y les prometí que en seis meses les llevaría otros cincuenta mil con los que cerraríamos cuentas.

»Me marcharía a otra ciudad y encontraría rápido un empleo como hasta ahora lo había hecho. En el mundo de la publicidad ya hacía tiempo que tenía un nombre y, como en aquel escondrijo donde compré el arma, en este gremio no existen las preguntas, solo valen los resultados, y yo sabía cómo conseguirlos.

»Les expuse mi propuesta con tanta seguridad y desinterés que, en respuesta, solo recibí una sonrisa burlona y un sí del tipo delgaducho y bien peinado que parecía dirigirlo todo desde detrás de una gran mesa de madera. Fue lo poco que me permitieron ver de aquella cueva, ya que los focos, estratégicamente colocados, apuntaban hacia mí y la gran mesa, la cual, al contrario de todo lo demás, relucía limpia y ordenada.

»Desaparecieron con mi dinero en la oscuridad y volvieron con mi arma.

»"Te estaremos esperando en seis meses, Toni, sabremos dónde estarás por entonces... y también dónde estará ella". Fueron las palabras con las que me despidió ese mafioso, al que estaba seguro que jamás volvería a ver, mi orgullo no me permitiría arrodillarme por segunda vez.

»Marché de allí y conduje sin rumbo, solo huía de aquella ciudad, y casi dos horas después acabé en una gasolinera desde la que llamé a Rosa. Tenía que advertirla, no quería que le hicieran daño, ella estaba en un lugar que no le correspondía y no podía permitir que permaneciera aquí en peligro.

»"Rosa, soy yo, escúchame". Ella comenzó a preguntarme, a pedirme explicaciones, pero no la dejé hablar. "Lo siento, tu vida está en peligro, vuelve a España, **TE AMO**".

»Y ahí terminé la llamada. Sin saber por qué mis últimas palabras fueron un "te amo", cuando le había demostrado todo lo contrario, cuando le estaba destrozando la vida y con ella la mía. Mi subconsciente me traicionó y me mostró dónde estaba la puerta a la vida que siempre deseé... esa puerta que yo mismo decidí cerrar para siempre.

La vida de Ángel...

La neurociencia y la física cuántica coinciden...

"Si queremos cambiar algún aspecto de nuestra realidad, tenemos que pensar, sentir y actuar de nuevas formas, tenemos que ser distintos en cuanto a cómo respondemos a las experiencias".

Joe Dispenza

Tras mi silencio, Ángel continuó la conversación, demostrando cuánto había aprendido en estos años, narrando su propia vida, aquella de la que yo había decidido apartarme, aquella que nunca pude imaginar...

—Toni, te conviertes en lo que piensas la mayor parte del tiempo, y me demuestras que nunca pensaste de otra forma que no fuera la de dañarte a ti y a todo lo que te rodeaba.

»En la carta, papá nos cuenta que nuestros pensamientos son las "causas" y nuestra situación en la vida los "efectos" de los mismos, y he podido descubrir cómo esto no era una idea suya, sino que ya Aristóteles, allá por el siglo IV antes de Cristo, explicaba la ley de hierro del universo: se la conocía con el nombre de **"principio aristotélico de causalidad"**. Aquello que deseas, ya sea salud, dinero, felicidad o éxito, podrás lograrlo simplemente llegando a las causas que los producen y repitiéndolas.

»Cuando te marchaste a Madrid todo se planteó muy negro para Tía Lui y para mí. Ella entró en una fuerte depresión y dejó de trabajar, yo no acepté tantos cambios en mi vida y también dejé todo de lado: ni los estudios ni el fútbol tenían sentido para mí. Nuestra casa se cubrió de oscuridad, tristeza y silencio... Apenas hablábamos, siempre pensé que aquello que yo pudiera contarle a Lui sería absurdo después de lo sucedido, después de todo lo que tendría en su cabeza... ¿Qué podría significar para ella mi suspenso en mates, el abandono de la actividad que más amaba en la vida o que la cena que había preparado no me gustaba?...

»Unos meses después de tu marcha a Madrid, cogí la carta de papá y mamá y me atreví a leerla por segunda vez. Comencé a leerla antes de ir a la cama, después de cenar y ayudar a Lui a recoger la casa como cada noche hacíamos, en silencio, con el murmullo de fondo de un canal cualquiera de la televisión a la que nunca hacíamos caso... La carta me atrapó, me conmovió de tal manera que cuando dejé de leerla ya el sol se elevaba por encima del mar de Sitges...

»Me cautivó la voz de papá leyéndome la carta, explicándome cada uno de los principios a los que hace referencia y las aclaraciones que mamá introducía en su redacción. Me imaginé con la ilusión que la habían escrito y cómo pensaban dárnosla aquella noche de nuestro cumpleaños, y visualicé el momento como si realmente hubiera sucedido, y esa noche papá y mamá me entregaron la carta, hermano, viví mi día de cumpleaños... Aquel que siempre esperamos, pude celebrarlo y vivirlo junto a ellos. Soplamos las velas, mientras ellos cantaban y aplaudían, y los abracé, fuerte, muy fuerte, y les di muchos, muchos besos porque sabía que serían los últimos que podría darles. Y al recibir la carta de sus manos, me marché a mi cuarto a leerla y, entonces, tras leerla una vez más, volví a la realidad, a aquella noche de meses después, y comprendí que ellos no querrían vernos así, que a ellos no les hubiera gustado vernos en esa situación, ni hubieran permitido que oscureciéramos nuestro hogar como lo hicimos, el cual siempre habían llenado de luz y alegría... Decidí en ese momento que todo cambiaría, comenzaría una nueva etapa, una nueva vida para Tía Lui y para mí, ya sin papá y mamá, pero con ellos siempre a nuestro lado, ya que, por algún motivo, habían decidido dejarnos aquella carta aquel día. No un año antes o un año después, parecía que todo había sido preparado para que así fuese y la vida debía continuar, igual que a ellos les hubiera gustado que lo hiciéramos de haber estado entre nosotros, igual que ellos lo hubieran preparado, de seguir en casa, no podríamos defraudarles... no teniendo en mis manos todo lo necesario para continuar viviendo según ellos nos enseñaron.

»En cuanto Tía Lui se levantó le entregué la carta y junto a ella todos los folios que había escrito esa noche, donde recogía mis reflexiones sobre el contenido de la misma, así como las ideas inspiradoras que cada una de las lecturas había provocado en mí.

»Cuando comenzó a leerla me marché. Solo permanecí a su lado hasta que comenzaron a brotar las primeras lágrimas. Entonces comprendí que ella, al igual que yo, necesitaría tiempo para asimilarla, para comprenderla, para saborear las últimas palabras de las personas que más había amado en estos últimos años, y la dejé a solas...

»Casi dos horas tardó en regresar, me abrazó y, aun sin decirme nada, pude sentir cómo la lectura de la carta la había transformado y, al igual que a mí durante la noche, algo le había hecho despertar del sufrimiento, de la situación que estábamos viviendo y comenzamos a hablar...

»Nos paramos en cada uno de los puntos, de las leyes, de las enseñanzas que guardaba, y decidimos tomar acción... Comenzaríamos por el principio, tomaríamos el control de nuestros actos y nuestros pensamientos y lo haríamos por ellos, porque así nos lo pidieron. Pero, sobre todo, lo haríamos por nosotros mismos, porque la vida continúa para todos y no somos nadie para desaprovechar esta hermosa oportunidad… Nunca imaginamos que años más tarde dejaríamos de cumplir los principios por nosotros y comenzaríamos a aplicarlos por los demás.

»Una de las biografías que leí, al igual que había hecho papá años atrás, fue la de Gandhi, que nos enseñó que **tus pensamientos, creados por tus creencias, te llevan a actuar de una determinada manera, y que estas acciones te acaban forjando una actitud, un carácter, y ese carácter crea tu destino**. De tal forma que si decides cambiar tus pensamientos todo empezará a cambiar a tu alrededor.

»Y así lo hicimos, desde esa misma mañana nuestra casa se llenó de luz, de paz, y volvió el diálogo entre Tía Lui y yo, volvieron los objetivos a nuestras vidas, la música, sustituyendo a las palabras vacías de la televisión… Y poco a poco fue llenándose de alegría…

»Ambos hicimos un pacto: no volveríamos a quedarnos inmovilizados por las circunstancias, actuaríamos, tomaríamos el control de la situación y seguiríamos avanzando, seguiríamos aprendiendo…

»Decía el psiquiatra **Victor Frankl**, quien sobrevivió increíblemente al holocausto nazi pasando seis años en un campo de concentración, que lo único que puedes controlar **tú y solo tú** es TU MENTE, nadie podrá decidir cuáles son tus pensamientos, ni tu manera de ver y sentir los acontecimientos de tu alrededor.

»Esto está muy relacionado con el CONTROL, que en psicología se conoce como la **teoría del lugar de control**, que puede ser interno o externo. Con esta teoría los psicólogos determinaron que la felicidad está totalmente vinculada al lugar donde situemos el control de nuestras vidas.

La mayoría de los estados de estrés, ansiedad o depresión vienen derivados de una pérdida del control de la situación, **el punto de control se coloca fuera de nosotros,** *ya sea un suceso dramático o problemas del pasado aún sin resolver, un jefe déspota, deudas, una cantidad excesiva de trabajo o tareas académicas, un estado de salud que nos ata…*

»Con este aprendizaje realizado, Tía Lui volvió a sus viajes, y a algunos de ellos la acompañé yo. Descubrí lugares mágicos gracias a sus fotografías, comprendí entonces cómo había conseguido ganarse la vida de esa forma. No sé cómo lo lograba, pero sus fotografías eran aún más bellas que los parajes paradisíacos que visitábamos. Era capaz de capturar momentos, colores y situaciones que yo no había percibido ni aun estando allí junto a ella. Y volvió a disfrutar de su trabajo, volvió a la vida…

»Yo regresé a los entrenamientos y a los estudios, y lo hice con más fuerza que nunca. Había perdido un curso, pero esto no fue motivo para abandonar; recuperé el tiempo con esfuerzo e ilusión y en menos de un año volvieron los resultados e incluso mejoré algunas de mis notas. Respecto al fútbol, ya nadie podría sacarme del terreno de juego cada fin de semana, como me propuse. Volví a ser lo que era, aunque nadie sabía que realmente ya no éramos los mismos…

»Cuidaba mis pensamientos sabiendo que ellos construyen tu realidad. En este mundo físico que vemos muy pocos saben que antes de tenerlo delante de nuestros ojos, TODO HA PASADO POR LA MENTE, se ha construido anteriormente en la de algún ser humano.

»Hay una bonita historia sobre WALT DISNEY, quien falleció antes de que se inaugurara su primer gran parque temático Disney. Él soñaba con llevar a sus hijos a un parque lleno de atracciones y actividades donde LOS NIÑOS, al entrar, se sorprendieran por la cantidad de colores, luminosidad e infinidad de posibilidades divertidas que se les ofrecía y, al mismo tiempo, SUS PADRES quedaran encantados por la creatividad, cuidado y esmero con que estas atracciones se habían preparado para ellos... ¡y vaya si lo consiguió!... El día en que se inauguró el primer parque en representación a la familia Disney entrevistaron a su hija...

»"Una pena que tu padre no esté aquí para ver qué bello ha quedado todo, ¿verdad?". "En absoluto", respondió su hija, "ÉL YA LO VIO, de hecho, fue el primero que pudo ver este proyecto hecho realidad en su mente".

»Más de cien bancos rechazaron financiar la inversión que Disney les proponía, pero no abandonó su sueño, porque sabía que era posible. Finalmente, alguien creyó en él y descubrieron que no se había equivocado...

»Fue así también como EDISON inventó la bombilla tras más de mil pruebas fallidas... También se rieron de él... FORD creó el vehículo que cambió la historia cuando no existía nada igual, o un tal STEVE JOBS, quien se convenció de que los ordenadores podían ser personales, ¡cuántas locuras hechas realidad!

TODO COMIENZA EN TU MENTE

y depende de TI la valoración y actitud que decidas tomar ante cada uno de los acontecimientos que nos suceden en la vida.

»Recuerdo la historia que un amigo de aquí, de Estados Unidos, me contó sobre un pistolero que, en el viejo oeste, cada día, no paraba de correr a lomos de su caballo. Iba de un lado a otro a toda velocidad, se perdía entre las montañas y volvía a aparecer cuando menos lo esperaban... Un día un niño se acercó al abrevadero y le preguntó...

—¿Por qué corres de un lado a otro, adónde vas cada día?

—Pues no lo sé chico, ¡voy donde me lleva mi caballo!

» Y es así como la mayoría de las personas pasan la vida, montado en un caballo que en ocasiones ni les pertenece, pero se dejan llevar... No se plantean qué podrían hacer con su vida, por qué están haciendo lo que hacen, ni siquiera si son felices así, simplemente soportan lo que les ha tocado vivir y, sin mirar más allá, dejan que el tiempo pase...

»Además, Toni, ya no volví a estar con las gallinas, jamás volví al grupo de los vampiros, que cada vez estaban más unidos a las drogas y las situaciones conflictivas, en su lugar **comencé a estar más tiempo con los compañeros del equipo y otras águilas que, como yo, aspiraban a tomar un vuelo bien alto...**

En aquel momento no podía imaginar que, por mucho que lo desee, si un águila pierde un ala, el vuelo se le hace imposible...

Enseñanzas de La Carta...

*Debes coger TÚ las riendas,
marcar tu objetivo,
decidir adónde te diriges,
elegir TUS METAS...*

SENTIR QUE TIENES EL CONTROL, Y ESTO SOLO ES POSIBLE CUANDO TOMAS ACCIÓN Y HACES ALGO POR CAMBIAR LA SITUACIÓN; NO VALE LA PASIVIDAD, DEJARLO IR PENSANDO QUE NADA PODEMOS HACER PARA CAMBIARLO...

Hasta que tomas las riendas de tu caballo y diriges el paso, la vida puede que te lleve a donde tú no desees...

SI MARCAS UNA META, ELIGES UN DESTINO Y VIVES POR Y PARA CONSEGUIRLO, TE SORPRENDERÁ TODO LO QUE COMIENZA A SUCEDER ENTONCES. TU VIDA PASARÁ A TENER SENTIDO, YA QUE ESTÁS MOVIÉNDOTE HACIA ALGO QUE TÚ HAS PROPUESTO; ESTÁS ACTUANDO DESDE TUS DESEOS Y ANHELOS Y NO DESDE LAS NECESIDADES O DECISIONES DE OTROS, COMIENZAS A SENTIR CONTROL.

Observa tu presente; en él podrás descubrir quién fuiste en el pasado y, lo más importante, quién serás en el futuro.

Una historia de éxito...

Nunca un compañero de su equipo de fútbol lo mandó a callar cuando cantaba en la ducha. Tampoco nadie lo hizo en las zonas de acampada, cuando, en las noches de verano y durante las horas de silencio, entonaba una canción con sus amigos. Solo de esta forma exponía su don natural, cantar en público no le gustaba.

El pudor lo mantuvo apartado del mundo de la música los primeros veinte años de su vida. Cree que su madre no lo escuchó cantar hasta los dieciocho años, cuando se atrevió por primera vez en una fiesta familiar. Realmente llevaba dieciocho años escuchando su voz, pero ella nunca le dijo nada, ella solo esperaba que él la descubriera.

Sin embargo, fue su pareja, la mujer de su vida, quien lo impulsó a dar el salto de valor, a atreverse a tentar a la suerte, a tomar acción, y con más vergüenza que seguridad, más miedo que valentía, se presentó en las puertas del teatro de su ciudad a realizar una prueba que determinara si realmente tenía la voz que todos le decían.

Y ahí, en esa primera audición, con una simple escala de piano, comenzó a creer en sí mismo, a pensar que quizás tuvieran razón, quizás poseyera un don especial.

Fue admitido en el coro, entró sin encontrar competencia, llegó allí donde nadie antes había llegado.

Pero él sabía que eso no sería suficiente, el mundo de la ópera estaba destinado a estudiosos de la música, a profesionales de la voz, y él simplemente era un joven que le gustaba cantar... que le gustaba su ciudad, su familia, sus amigos, todo aquello que pronto muchos le animaban a dejar. Las escuelas de música estaban lejos de su ciudad, tendría que marchar si de verdad quería seguir mejorando. Lo que él en aquel momento no sabía era ni cuándo ni dónde tendría que ir para acabar convirtiendo su don en una profesión.

No tuvo que esperar mucho, en pocos meses la propuesta de estudiar adquiere las dimensiones de su don, la posibilidad de formarse junto a los más grandes llama a su puerta. Y el miedo al cambio entra en escena.

Al formar parte del coro del teatro, pasa a participar en pequeños papeles de alguna de las obras que se representan en su ciudad, y ahí conoce a unos estudiantes de la Escuela Superior de Música Reina Sofía, reconocida como una de las más importantes del mundo. El sueño de todo estudiante de música. A ella acuden cada año cientos de aspirantes presentando una solicitud avalada por años de estudios. Sin embargo, estos artistas, aun sabiendo que no tenía estudios ni formación, le propusieron que fuera a intentarlo, que se animara a llamar a las puertas del éxito, a soñar en grande. No perdería nada, y a cambio podría conocer en persona al maestro Kraus, uno de sus ídolos, el mejor tenor del mundo en aquel momento. Y se atrevió, viajó a la capital para probar suerte.

Pero él no iría a solicitar una plaza en las mismas condiciones que la mayoría, él viajaba en busca de algo aún más complicado. Dada su situación económica, solo podría formarse en esa escuela siendo un alumno becado. Y al igual que él, otros cincuenta estudiantes optaban a una de las cuatro becas de aquel año. Todos tenían, al menos, diez años de estudios de música en su formación, él solo meses, pero ninguno un don como el suyo. Un don que ni él mismo conocía aún.

Llegó su turno, había viajado de lejos, estuvo horas haciendo cola para llegar a este momento y justo ahí le sobrevino la duda, el miedo.

"Comience", dijo el maestro…

Y llegaron a su mente las imágenes de su ciudad, de su familia, de sus amigos, de las tradiciones y el folklore de su tierra, todo lo que perdería de ser aceptado en aquella escuela, de poder hacer realidad el sueño. Un sueño que no sería regalado, un sueño que tenía un precio ya conocido por él, un precio ya pactado mucho antes de emprender el viaje a la capital. Este no era más que el del esfuerzo, el sacrificio máximo que siempre exige el éxito profesional, su don no sería suficiente, él así lo sabía, pero decidió pagarlo, y cantó…

—¡Lunge da lei per me non v'ha diletto!…

Comenzaba así su carrera de estudiante de la mano del maestro Alfredo Kraus, el más grande que podría haber encontrado en ese momento, la escuela becó al don por encima de la formación. Confiaron en su capacidad de esfuerzo, sacrificio y dedicación, y él les demostró que habían acertado estudiando más que ninguno de sus compañeros, aprendiendo de cada tono, de cada gesto, y soñando que acabaría siendo el tenor que todos, menos él, siempre habían visto.

Pasó el tiempo, se formó, creyó en él, y pronto otra de sus profesoras, Teresa Berganza, la más grande mezzosoprano de la historia, le anima a viajar para una audición a Berna. Quizás pudiera conseguir allí su primer contrato fuera de España, que le otorgara el reconocimiento internacional que solo los grandes tenores alcanzan. Pero él aún era un estudiante, la vida en la capital era muy cara y su beca solo cubría los estudios; manutención y demás gastos corrían de su cuenta, de sus ahorros y de la cuenta de su familia, que tanto estaban haciendo por él. Un billete de avión de ciento cincuenta mil pesetas era una pequeña fortuna en su situación, no podría asistir a esas audiciones.

Sin embargo, eran tan grandes sus posibilidades, se había ganado de tal forma la confianza y el corazón de sus profesores, que la maestra, tan segura de su alumno, giró un cheque por el valor del vuelo, y tras él, le escribió una frase para el recuerdo…

"Que esto sea el comienzo de una grandísima carrera".

De esta forma consiguió firmar su primer contrato profesional, gracias a Teresa Berganza, la cual, jamás aceptó la devolución de aquel cheque al éxito que un día le firmó.

Años después, tras abandonar la escuela y realizar una gran actuación en el Teatro Real, en Madrid, allí donde muy pocos llegan, recibe una llamada. Era su gran maestra y mentora, que había estado entre el público, le llamaba para darle la enhorabuena y recordarle por qué aquel día decidió pagar su billete:

—"Yo siempre he creído en ti, maestro""…

Él es Ismael Jordi, tenor reconocido internacionalmente y una de las voces líricas con mayor proyección en el mundo de la ópera. En sus primeros años de formación acabó recibiendo, entre otros, el Premio a la excelencia académica de manos de su majestad, doña Sofía, reina de España.

Ahora, a sus cuarenta y seis años, ya ha cantado en los teatros más importantes del mundo.

"No puedes confiar solo en tu don, si sueñas con alcanzar una meta, sacrificio, trabajo y estudio es la única forma de alcanzarlo, es imposible lograrlo de otra manera, no hay otro secreto".

Ismael Jordi

CAPÍTULO 2...

Nunca recibirás aquello que no has dado, jamás conseguirás aquello que no eres...

"Solemos temer convertirnos en lo que alcanzamos a entrever en nuestros momentos más perfectos, en las condiciones más perfectas, en tiempos que exigen mucho valor. Nos regocijamos y hasta nos estremecemos con las posibilidades que vemos en nosotros mismos en esos momentos culminantes y, sin embargo, simultáneamente temblamos de debilidad, recelo y miedo ante esas mismas posibilidades".

Abraham Maslow

Ángel retomó la lectura de la carta...

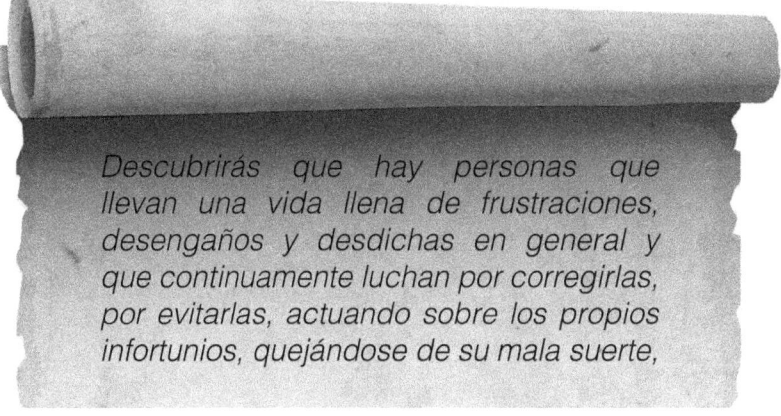

Descubrirás que hay personas que llevan una vida llena de frustraciones, desengaños y desdichas en general y que continuamente luchan por corregirlas, por evitarlas, actuando sobre los propios infortunios, quejándose de su mala suerte,

sin pararse a mirar en su interior y comprobar qué tipo de personas son, en qué piensan la mayor parte del tiempo, qué expectativas, metas e ideales tienen en su mente... Porque ahí está el SER, y llegar a esta parte de uno mismo parar a comprobar quiénes somos realmente en nuestro interior muy pocas personas lo hacen. Y debes saber que tu mundo exterior no es más que un reflejo de tu mundo interior.

No podrás TENER aquello que no ERES, no podrás tener amor, salud o dinero cuando criticas a aquellos que ya lo han alcanzado, porque estarás demostrando que TÚ no lo eres: no lo ves dentro de ti porque rechazas el verlo en otros, y así jamás lo alcanzarás.

Todo aquello que quieras lograr te llegará cuando comiences a SER esa persona que es capaz de tenerlo. Cuando comiences a HACER lo que debes aparecerá el TENER, porque hay un orden que siempre se cumple y este es el de SER, HACER, TENER. Todo lo que sea alterar este orden no dará los frutos esperados por mucho tiempo. En cambio, si eres capaz de seguirlo, a veces, sin el más mínimo esfuerzo, te llegarán las personas y los acontecimientos que te abrirán las puertas de tus deseos.

No temas soñar grandes metas, ya que nunca lograrás más de aquello que te propongas, y persigue siempre, siempre

TU PROPÓSITO DE VIDA; este estará en aquello que ames hacer, en aquello que te apasione y además sirva de ayuda, de *SERVICIO* a los otros.

Para ello ve a tus CREENCIAS, descúbrelas y modifícalas si es necesario, porque en ellas se halla la llave que te permitirá alcanzar quién realmente has venido a ser. Comprobarás que a quien en su interior ve la vida como una lucha, un lugar de sufrimiento y opresión, estas creencias le llevarán a encontrar situaciones que le dan la razón y le reafirman en su convencimiento. En cambio, otras que con mayor optimismo y entusiasmo aman la vida como un don de alegría, crecimiento y gozo, se van encontrando oportunidades y experiencias positivas y enriquecedoras como por arte de magia.

Esto no son más que sus EXPECTATIVAS hechas realidad y, si algún día te descubres con expectativas negativas, de incapacidad o desmerecimiento, recuerda que nunca podrás elevarte por encima de ellas, así que comienza POR CAMBIARLAS, porque, por suerte y como ya te he dicho, TODO ESTÁ EN TU MENTE y tú puedes cambiarlas...

El convencimiento de unas expectativas positivas, por sí solo, puede cambiar la personalidad de cualquier persona y con ella su futuro.

Los psicólogos demuestran esto y mucho más con el conocido Efecto Pigmalión, que demuestra cómo las expectativas de los demás hacia nosotros mismos o, por el contrario, las expectativas que tú muestres a otra persona, cobran tanta fuerza que se hacen realidad. Por esto, cuida tu autoimagen, procura verte como la persona que has venido a ser, BRILLA con tu propia estrella. No puedes ser menos de lo que deseas, y haz que los demás también brillen desde la suya, porque el universo es equilibrio, así que...

...tendrás en la misma medida que des... para todos los aspectos de tu vida...

La vida de Toni...

—¡Guau! Vaya si tiene fuerza este fragmento, hermano —me dijo Ángel entusiasmado. Paró de leer y me miró esperando alguna respuesta a las palabras de la carta. Yo, en cambio, estaba pensativo, ya que todo lo que me había venido a la mente me hacía ver cómo no había cumplido nada de lo que nuestro padre nos proponía...

—Ángel, ¿sabes? Yo he sido una de esas personas que describe papá: jamás me he alegrado por los logros de nadie, nunca entendí por qué el dinero se me escapaba de entre mis manos y por qué en los ascensos y los reconocimientos jamás aparecía mi nombre.

»Pero nunca me paré a pensar qué podía hacer por ayudar a otros en su camino, nunca me preocupé por ser un buen administrador de mi propia economía y, por supuesto, todo lo que he logrado tanto en mi trabajo como en mi vida familiar lo hice pensando en mí, en mí en primer lugar... y así acabé siempre... solo y al final del camino...

»Mi exmujer, Alexia, me dejó la misma noche que me marché de uno de los mejores trabajos que he tenido, fue allí en Madrid, cuando llevaba poco más de un año de casado, y ahora sé por qué lo perdí todo...

»Yo era responsable de uno de los equipos de *marketing* de mi empresa y ocupaba uno de los puestos altos en el organigrama. Había llegado hasta allí perdiendo muchos amigos en el camino, ya que tuve que traicionar a algunos de ellos para poder conseguir ascensos y reconocimientos personales. Varios de estos reconocimientos fueron inmerecidos; pero sabía que los iba a necesitar para llegar a dirigir un equipo como lo estaba haciendo en ese momento. En seis meses, conseguí uno de mis objetivos, doblar mi sueldo, pero

¿sabes una cosa? Llegaba a fin de mes igual que antes, sin nada en los bolsillos ni en el banco.

»Yo pensaba que Alexia estaba muy contenta por mi progreso, y aunque no tuviéramos mucho dinero ahorrado, nuestro estilo de vida había mejorado bastante, o eso creía yo...

»Mejoramos nuestros coches, nuestra casa y todos los sábados salíamos a cenar, la mayoría de las veces con alguna pareja amiga de Alexia, ya que mis amigos solían ser divorciados o estaban a punto de serlo, y con ellos... salía los viernes... Alexia siempre pensó que los viernes teníamos reunión de equipo y que en ocasiones estas reuniones de revisión y programación del trabajo de la semana se alargaban demasiado a capricho de mi director comercial, al cual yo nunca había tragado. Esta era la única verdad de mi historia de los viernes, no lo soportaba.

»El director comercial era un tipo atractivo que se las daba de simpático y se hacía respetar de un modo peculiar e incompresible para mí. Se mostraba cercano, nos escuchaba y permitía ciertos errores que para mí eran incomprensibles... pero a todos les caía bien y yo no podía entenderlo.

»Jamás se unió a nuestras escapadas de los viernes, sin embargo, apuesto a que de haberlo invitado me hubiera acompañado algún sábado. También parecía tener una familia a la que respetaba, un gran coche y una gran casa en una de las mejores zonas de Madrid, por supuesto.

»Yo siempre le tuve envidia, no podía entender cómo un tipo tan simple había llegado a ese cargo. Su sueldo debía doblar el mío y esto me impulsó a plantearme mi próximo objetivo: ese puesto debía ser mío.

»Afortunadamente, no había pasado mucho tiempo cuando comenzó a correr el rumor que tanto estaba esperando: al parecer la empresa había decidido destituir a nuestro director comercial, había aires de cambio y los comentarios se daban en todos los despachos.

»Fui de los pocos que se alegró de la noticia, aunque cuando se confirmó, también fui de los pocos que no entendieron nada: el director comercial no sería destituido. Por el contrario, dejaba su puesto debido a un ascenso, pasaría a ser el nuevo vicepresidente de la empresa...

»Me impactó esta información, pero no le di la más mínima importancia y me centré en el beneficio que la noticia me traía: yo podría ser el nuevo director comercial, mi ambicioso objetivo estaba más cerca.

»Comencé a olvidarme de todo lo que no estuviera relacionado con mi meta. Trabajaba duro de manera individual y en equipo cuando era necesario, pero lo hacía sabiendo que el equipo trabajaba para mí en apoyo a mi objetivo y, aunque no lo hacía saber al resto, imagino que se notaría... Para mí el fin siempre justificaba los medios.

»Alexia también notó mi cambio. Me quedaba hasta muy tarde en el despacho, había días que casi doblaba turno y noches que pedí permiso para permanecer trabajando. Fue uno de los meses más duros de mi vida... y lo peor de todo es que era yo el único culpable, era yo el que estaba orquestando de esa manera tan angustiosa cada uno de los acontecimientos.

»Comencé a faltar a mi cita de los viernes y, lo peor de todo, a la de los sábados... Sustituí las reuniones de familia por la de los amigos de trabajo o incluso por el trabajo mismo. Hubo un par de sábados que continué en mi empeño y otros en los que, agotado por una semana tan estresante, busqué evadirme en las fiestas de mis compañeros, donde no solo encontraba alcohol y drogas, sino mujeres que no eran la mía, pero al menos no pedían explicaciones y mucho menos compromiso...

»Por fin, cinco viernes después del inicio de los rumores, llamaron a mi despacho. Me citaban en la última planta, pocas veces había subido a esa zona del edificio, la última vez, cuando me promocionaron a jefe de grupo, y es que en esta planta los despachos tenían nombres propios en las puertas... Pronto el mío sería uno de ellos.

»Me citaba el primer vicepresidente ejecutivo, al cual yo había visto en contadas ocasiones y ya ni siquiera lograba recordarle. A mis espaldas llevaba uno de los meses más intensos de trabajo de mi vida, había sacado adelante dos proyectos ambiciosos e importantes para los números de la empresa y yo sabía que era eso lo que más se valoraba en esta última planta, así que acudí a la cita con el convencimiento que da el trabajo bien hecho y la entrega total, y con esta idea llamé a la puerta, pasé y, al entrar, comenzó mi caída desde lo más alto.

»Al otro lado de la sala no estaba aquel vicepresidente que había visto tiempo atrás. Allí, sentado en una elegante silla, delante de una gran cristalera con vistas, estaba mi anterior director comercial, ya había ocupado su nuevo puesto y yo no me había enterado.

»Comenzó a hablar como lo había oído en otras ocasiones, llamándome por mi nombre. Volvieron a mí esos sentimientos de repulsión, de envidia y desprecio al mismo tiempo... Me pidió que me sentara. Me agradeció tan enorme esfuerzo e interés por mi trabajo, y como aquel que sufre un accidente de tráfico tras el cual solo logra recordar lo que sucedió momentos antes del golpe, cuando salí de aquella sala únicamente pude recordar que no fui ascendido a director comercial, sino que mantendría mi puesto y pasaría a apoyar a otro de mis compañeros, el cual tendría un nuevo grupo a su cargo. La empresa había crecido, sabía que, gracias a mi gran esfuerzo, pero mi única recompensa era un agradecimiento y una responsabilidad añadida a mis funciones...

»De pronto, cuando bajaba en el ascensor, sentí que ya todo había acabado, que no tenía que seguir en la carrera, y mi cuerpo lo notó. Un dolor intenso de cabeza se apoderó de mí, mis músculos comenzaron a pedir el descanso que durante tanto tiempo les fui negando y me fue imposible continuar allí. Me permitieron marcharme, pero de nuevo volví a errar en mi elección: era viernes, así que no fui a casa, me quedé acompañado de una cerveza esperando a mis compañeros en nuestra cita semanal.

»Un simple mensaje, "No volveré a casa, mucho trabajo, te amo", fue la única explicación que di a Alexia aquella tarde. También fue la última explicación que le di, jamás me pidió otra, jamás me atreví a dársela.

»Volví a casa el sábado al mediodía y ya ella no estaba, ni nada de lo que le pertenecía. Encendí mi móvil, que había dejado sin batería en algún momento de la fiesta, y encontré su mensaje de despedida; era simple y directo, mucho más que todas las excusas e invenciones que yo solía dar cada sábado o domingo cuando volvía del trabajo: "Toni, no puedo continuar así, tu trabajo y tus fiestas son incompatibles conmigo, lo nuestro ha sido un error y ya se me hace insoportable. Lo he intentado, pero creo que tú nunca me escuchaste cuando te hablaba, espero que consigas el ascenso y no hagamos muy difícil la separación, suerte".

»Ahora lo comprendo todo, perdí mi matrimonio y mi ascenso porque yo no ERA la persona que debía SER para TENER todo eso. HICE mucho, pero no pasé de ahí, de hacer y hacer desde la mente, nunca escuché a mi corazón…

»Porque yo era aquel que no valoraba, que envidiaba, que anteponía los intereses personales a los del grupo, que jamás reconocí el esfuerzo ajeno ni me puse en el lugar del otro, no lo hice con nadie. Era aquel que perdía el sueldo cada mes, tan rápido como cambiaba de amante cada fin de semana, tan rápido como destrocé mi vida… nuevamente…

La vida de Ángel…

—Equivocaste tu camino, hermano, has estado viviendo en el hacer y el tener, pero ha llegado el momento de comenzar a darte cuenta de dónde está realmente la grandeza del ser humano y cómo de lejos puedes llegar cuando te rindas al SER.

»¿Sabes, hermano? Cuando perdí la pierna…

—¿Cómo? ¿Qué estás diciendo, Ángel? ¿Es cierto eso?

—Sí, claro, ya te he dicho que no sabes nada, Toni, pero ya te contaré. Déjame seguir ahora…

»Al perder la pierna, todas mis metas se fueron con ella. En todo momento yo me veía de nuevo en el terreno de juego, en otras condiciones, pero jugando al fútbol a otro nivel, pero sin dejar de hacer lo que más me gustaba, correr y golpear el balón. Pero ahora, con solo una pierna, ya nada sería igual. Además, esto supuso un mayor periodo de recuperación, por lo que los estudios volverían a verse aún más atrasados; mi carrera de arquitectura también se marchó junto a ella. Todo se derrumbó de nuevo, pero la fortaleza de Tía Lui y las palabras de la carta, **"has venido a brillar"**, me hicieron reponerme nuevamente y decidir que, aun con una pierna menos, podría llegar a lograr grandes metas, grandes sueños. **Una mala mano no te hace perder la partida, puede que solo sea la señal que te indica que debes cambiar de estrategia...**

»Opté por algo que nunca había hecho: me dejé ir. Pensé que en ese momento solo tendría que hacer una cosa, ser feliz y hacer feliz a los que me rodeaban. Además, siempre me encantaron los piratas, ¿recuerdas quién decidía ser cuando jugábamos? Yo era "pata de palo", pues al fin lo conseguí y, aunque al principio resultó muy dramático, al poco tiempo me convertí en el pirata que siempre quise ser, y así lo hice durante meses, en aquel hospital que ya jamás volvió a ser lo que era.

»Me disfrazaba de pirata y pasaba horas en la planta de oncología infantil narrando historias y cuentos a los más pequeños que, como yo, vivían una situación tan dolorosa y complicada dentro de aquel lugar que, para mí y otros muchos, se convirtió en nuestra segunda casa.

»Ellos se sorprendían al ver a un pirata de verdad narrando aquellas historias tan divertidas, yo me sorprendía viéndome a mí mismo haciendo reír a esas pequeñas almas; sus risas llenaban el vacío que dejó en mí la operación, muchos pensaban que mi labor allí era muy importante para los más pequeños. Solo yo sabía que realmente eran ellos los que llenaban mi vida.

»Como bien nos dijo papá, nuestra vida es un camino que solo recorreremos una vez y, al llegar al final, nadie te preguntará cuánto tienes o cuánto trabajaste, solo por la cantidad de amor que diste durante el trayecto, por cuántas personas dejaste marcadas durante tu vida y cuánto disfrutaste junto a ellas. Y estas preguntas no te las hará nadie más que tú. Serás tu propio juez al final de la partida, y tal como recoge Bronnie Ware, la enfermera que durante años trabajó con enfermos próximos a la muerte, la gente, al sentir que su vida está terminando, descubre que quizás no debió haber trabajado tanto y sí haber disfrutado más de su familia y amigos, que son a quienes más necesita y añora en esos momentos. Por suerte, estamos a tiempo aún de darnos cuenta de esto y comenzar a jugar la partida con otra estrategia.

***

»Llevaba ya casi cuatro años en el hospital y mi recuperación aún no tenía fecha de alta establecida. La mayor parte del día lo pasaba entre sesiones de rehabilitación y lectura en mi habitación. Me habitué a este estilo de vida, pero me propuse que esto no sería para siempre, y me planteé una fecha de salida. En año y medio habría abandonado totalmente la rehabilitación y la habitación del hospital, ese fue mi primer objetivo, y fue tal el convencimiento, que TODOS comenzaron a compartir conmigo mi gran meta.

»En este periodo leí mucho sobre el establecimiento de metas personales y, ¿sabes lo que más me impactó? Fue un estudio realizado en 1953 en la Universidad de Yale, aquí en EE. UU., donde preguntaron a los futuros licenciados de esa promoción si habían establecido por escrito sus metas y planes para alcanzarlas. Solo un 3 % respondió afirmativamente, el resto o bien no lo tenían definido aún o preferían esperar a ver qué les depararía el destino. Pues bien, la investigación continuó, veinte años más tarde regresaron y consultaron a los licenciados de aquella promoción por su situación económica y social, y los resultados obtenidos fueron sorprendentes: el 3 % que reconoció tener metas establecidas por escrito sumaban una fortuna superior a todo el 97 % restante juntos. Y en el análisis de datos no solo descubrieron una superioridad económica, también en relación a la calidad de vida y felicidad, con respecto a su situación personal y familiar fueron muy superiores.

»Me propuse que durante el tiempo que me quedaba allí me dedicaría a realizar mis dos pasiones: estudiar a los grandes autores que tanto me gustaban y ayudar en su recuperación a otros, pequeños y mayores. Sabía que ninguna de estas actividades solucionarían mi vida futura, pero no me importaba. En ese momento el futuro había dejado de tener la menor importancia, SENTÍA EL PODER DEL AHORA y lo demás vendría dado, me dejaba fluir, dejaba el resto en manos del destino, del universo, de Dios...

»Y descubrí así el poder de las creencias, las expectativas y el SER...

»A esa edad ya muchos de mis antiguos amigos estaban acabando la carrera o trabajando y, por supuesto, con novia e incluso perspectivas, grandes perspectivas de futuro. Yo aún no tenía nada definido en este terreno, pero, como ya he dicho, no me importaba; vivía el momento, disfrutaba de cada día que la vida me regalaba y confiaba en que todo tiene su momento, todo llega justo en el instante en que tiene que llegar, justo cuando la partida que has venido a jugar así lo requiera. Pero yo jugaba con ventaja, ya conocía las reglas...

»Algunas personas viven agarradas a las creencias equivocadas, no porque lo deseen, no porque sea la versión que eligieron vivir, simplemente porque nadie les ha mostrado otra opción, nadie les ha dicho que puedes estar al otro lado de la queja, la visión negativista, donde el juego es duro, muy complejo, y donde las circunstancias de vida vienen determinadas por otros. Todo son injusticias, desgracias e infortunios y nada pueden hacer por evitarlo. Por supuesto, si entras en esta visión de la vida, NADA NI NADIE TE PODRÁ

SALVAR. En cambio, los que nos situamos al otro lado vemos que la vida nos sonríe, vemos el mundo como un lugar maravilloso donde disfrutar. Nuestra actitud es de optimismo y la queja y la crítica han desaparecido de nuestras vidas. Parece en ocasiones como si la partida para nosotros fuera otra, mucho más sencilla de jugar, mucho más divertida…PUES LA PARTIDA ES LA MISMA, LAS REGLAS SON LAS MISMAS, lo único que cambia es la MENTALIDAD y LA ACTITUD ante las circunstancias.

***

»Una mañana me pidieron que fuera a animar a un niño que llevaba ya un par de semanas ingresado en traumatología y que no paraba de preguntar por el pirata del hospital.

»A esta zona del hospital hacía mucho que no iba, es de los lugares donde la mayoría de los enfermos solo pueden *disfrutar de su "maravillosa estancia"* el tiempo que tardan en recuperar su lesión mínimamente, ya que el resto de rehabilitación, si la necesitan, la pueden hacer con el alta hospitalaria.

»Mi joven espectador se merecía la mejor de mis actuaciones, con tan solo doce años y una vida deportiva muy prometedora, ya que al parecer era un gran nadador, un conductor borracho se había llevado por delante la moto en la que, en compañía de su padre, se dirigía a entrenar. Por suerte, ambos salvaron la vida, pero, tras varias operaciones, esta promesa deportiva había perdido un pie… Teníamos mucho en común, pero él solo era un crío…

»No obstante, pese a nuestra diferencia de edad, una lesión algo similar y nuestro amor por el deporte hizo que desde ese día nos convirtiésemos en grandes amigos y fui un gran apoyo en su recuperación, le ayudé mucho tanto a él como a su familia y, como siempre, la vida te devuelve lo que das multiplicado...

»Fue Lucas, esta joven promesa de la natación, con quien por primera vez trabajé el poder de las creencias y las expectativas autocumplidas. Y en este proceso de enseñanza-aprendizaje que ambos vivimos, la vida nos demostró en primera persona todo lo que yo le contaba a mi joven amigo...

»En los estados de salud, está comprobado que los pacientes que presentan un estado mental de optimismo y visión positiva de la vida, su proceso se hace mucho más liviano e incluso las probabilidades de recuperación se disparan en comparación con las de los pacientes que viven la enfermedad como una gran tragedia que viene a formar parte de su vida desdichada, plena de circunstancias adversas contra las que tienen que luchar. Para ellos, irremediablemente, la guerra jamás acabará.

"Una recomendación te quiero hacer, y es que estés alegre; si estás alegre te curarás pronto".

M. Mazzarello
Carta-13

»Lo hicimos como ya te he dicho, con MENTALIDAD y ACTITUD.

MENTALIDAD... MODIFICANDO CREENCIAS, ¡¡¡SÍÍÍÍ, SE PUEDEN MODIFICAR!!! Puedes decidir que aquello que te frena, aquellas ideas inculcadas desde pequeño al respecto de tus posibilidades y tus capacidades, no tienen por qué ser ciertas, no tienen que ser la realidad que te acompañe de por vida. PUEDES comenzar desde HOY a ver un MUNDO DE POSIBILIDADES, de circunstancias positivas a tu alrededor, a SENTIR que la vida te sonríe pese a todo lo que pueda parecer...

ACTITUD... Optando por una actitud de acción, de optimismo y aprendizaje ante las circunstancias, ya sean positivas o negativas, y sin pararnos a quejarnos o revivir los infortunios del pasado, decidiendo SALIR Y GANAR LA PARTIDA...

***

—Una mañana, al entrar en su habitación, me sorprendió una enfermera que no conocía e, inmediatamente, al verla, supe que mi partida comenzaría a ser más divertida.

»Suerte que solo estaban Lucas y ella, porque la situación fue un poco ridícula. Allí, al otro lado de la puerta, apareció un tipo vestido de pirata que más que un payaso parecía el maniquí de una tienda de disfraces.

»No pude más que quedarme paralizado, era la mujer más hermosa que veía en años, sus ojos me trasladaron al mar Mediterráneo, su pelo a una puesta del sol en verano y su sonrisa iluminó de tal forma mi corazón que por un momento quedé paralizado, sin percibir nada más a mi alrededor, sin poder reaccionar, pues no sabía cómo hacerlo...

»Fue Lucas quien me sacó del trance...

»"¡Ángel! ¡Ángel! Pasa, ella es María, comenzó ayer en nuestra planta".

»Desconozco las veces que tuvo que llamarme Lucas, ya que, cuando me di cuenta de que me estaba hablando, realmente gritaba mi nombre. No sé qué pasó, pero por un momento dejé de oír, mi mente estaba procesando tantas cosas que decidió descartar alguno de mis sentidos y entre ellos estaba el del oído... Y no me extrañó, dado que nunca imaginé encontrar a mi alma gemela vestido de pirata, sin saber si al presentarme debía decirle que era Jack "Pata Palo" con voz de pirata malo, o Ángel, un joven en busca de su destino que se moría por conocer a una mujer como ella...

»María era una joven enfermera que había sido contratada recientemente para suplir unas vacaciones, por eso yo nunca la había visto; ella tampoco me conocería, o eso imaginé.

—Hola, soy Ángel, encantando. —Le tendí mi mano derecha mientras con la izquierda quitaba el parche de mi ojo—

»Ella me estrechó la mano, pero al mismo tiempo se acercó a mí sonriendo y me saludó de forma más amistosa dándome dos besos.

—Es un placer conocerte, me han hablado de ti, me parece genial lo que haces, demuestras el gran corazón que tienes y eres un ejemplo para todos los que como tú tienen que reponerse de su enfermedad. De verdad no sabes cuánto te admiro.

»Tragué saliva, y de nuevo me quedé mudo, paralizado... qué podía decir ante unas palabras tan abrumadoras procedentes de la chica más bella que jamás había conocido...

—Ángel, quiero presentarte a un amigo. —De nuevo fue Lucas quien me sacó del trance.

—Gracias —contesté por fin a María, y esa fue la única palabra que fui capaz de dirigirle en aquella mañana.

—Vamos, Ángel, acompáñame, me gustaría que hoy contaras alguna historia a un amigo que ingresó ayer. —Lucas bajó de la cama y se sentó en su silla esperando que lo empujara hacia fuera de la habitación.

»María terminó de rellenar su informe y se despidió de nuevo con una amplia sonrisa y la misma frescura en su forma de hablar.

—Estupendo, si necesitáis algo ya sabéis dónde localizarnos. Ángel, estoy deseando escuchar algunas de tus historias, espero que podamos coincidir en algún momento. Que tengáis un buen día, chicos.

—Gracias.

»Y eso fue todo lo que le dije, un nudo en mi garganta me impidió emitir alguna palabra más... Miedo, vergüenza, "enamoramiento agudo", aún no sé lo que me pasó, pero ahí quedó mi primer encuentro con la mujer de mi vida.

»Y desde este día Lucas y yo comenzamos a trabajar las expectativas como nunca antes lo había hecho... Porque al igual que tus creencias se hacen realidad en tu vida independientemente a lo que pienses sobre ellas, TUS EXPECTATIVAS actúan como una profecía que se cumplirá en todos los casos, tanto si lo sabes como si no, tanto si lo conoces como si no...

> *"La fuerza de las expectativas positivas puede cambiar por sí sola tu personalidad y el signo de tu vida"*
>
> Brian Tracy

»Ambos nos planteamos expectativas altas, muy altas, porque no nos merecíamos menos... Él se propuso convertirse en un gran deportista. Comenzó a verse como el gran deportista de élite que estaba llamado a ser y, del mismo modo, yo me visualizaba como aquel gran entrenador que dirige equipos importantes y que animaba a otros a llegar a lo más alto. De esta forma, cómo no, alguna mujer tan especial y brillante como María querría compartir su vida conmigo... y fue así como ambos nos convertimos en nuestra mejor versión...

»Para que comprendas mejor la fuerza de las profecías autocumplidas, te pondré un ejemplo y te daré un dato científico.

»**El ejemplo:** Imagina que una familia que no conoce este hecho de las expectativas y la profecía de autocumplimiento cría a una hija recriminándole cada error que en su proceso de crecimiento y aprendizaje debe cometer de manera natural con la frase "es que no vales para nada". Y así le repiten esta afirmación durante toda su infancia y juventud... ¿Qué personalidad crees que habrán creado?... ¿Será una mujer optimista, emprendedora, con actitud hacia el aprendizaje? ¿O pesimista, sumisa y con miedo al cambio? Está claro...

¡SUS CREENCIAS SON LIMITANTES!,

¡SUS EXPECTATIVAS DE ÉXITO NULAS!

Por suerte, como ya nos dijo el filósofo James Allen a comienzos de siglo, puedes cambiar tu realidad, porque solo tú controlas tu mente... Esta mujer podría ir a sus creencias, atreverse a desenterrarlas, destruirlas y en su lugar... COLOCAR OTRAS NUEVAS QUE LE DEN VALOR, que la muestren como lo que todo ser humano es y puede llegar a ser, en definitiva, que la llenen de PODER y le permitan crear unas expectativas totalmente distintas, de éxito y optimismo.

Recuerda que has venido a brillar
y que los límites solo los pones tú...

El dato científico: Los científicos Robert Rosenthal y Lenore Jacobson realizaron un experimento en una escuela para comprobar el valor de las profecías autocumplidas, conocido como el Efecto Pigmalión. Tras realizar unos test de inteligencia, eligieron al azar a un grupo de alumnos y se les comunicó a su profesorado que, según unos test realizados, esos alumnos formaban parte del grupo con más probabilidades de alcanzar altos resultados académicos, puesto que habían obtenido la más alta puntuación.

Esto no era cierto, el grupo se realizó al azar, pero ni alumnos ni profesores conocían este dato. Y comenzó el curso... Todos hicieron lo que siempre habían hecho, solo que esta vez los profesores pensaban que delante de ellos tenían alumnos de altas capacidades. Al acabar el curso se repitieron los test de inteligencia y, sorprendentemente, este grupo había mejorado su coeficiente intelectual veinte puntos más que el resto del alumnado, que continuó mejorando según la media establecida.

Esto demostró, al igual que **afirma la física cuántica, que al modificar las expectativas**, incluso si las que cambian son las del observador, **los resultados también son modificados.**

¿Vas a continuar con tus mismas expectativas de éxito? ¿De verdad aún no has decidido convertirte en tu mejor versión y sembrar en tu mente altas expectativas?

La mayoría de las personas escogen el camino fácil, aquel que la vida les ha facilitado y donde sus creencias les hacen sentir cómodas, dentro de su zona de confort, y ahí se mantienen el resto de la partida. Otras, que también permanecen estáticas en el punto que les tocó vivir, lo hacen no por comodidad o pasividad, sino más bien por miedo y por la sensación de pérdida de lo poco que tienen o han conseguido, y jamás descubren que al otro lado del miedo están las mejores recompensas, esperándolas...

—Lucas y yo pasábamos mucho tiempo juntos. Pese a que ya no dormíamos en el hospital, nos veíamos en la sala de juegos a la que tanto cariño cogimos y en el gimnasio, rehabilitando y adaptándonos a nuestras nuevas extremidades. Habían transcurrido ya cinco meses desde que nos conocimos y nuestra actitud daba resultados, ambos teníamos el alta hospitalaria, la suya ya era definitiva, la mía aún estaba condicionada a los resultados de las pruebas que me seguían realizando cada tres meses, pero al menos dormía en casa, lo que me daba mayor libertad y más tranquilidad a Tía Lui.

»Fue así como planeamos nuestros pasos adelante, nuestras acciones, nuestros SALTOS DE VALOR, como así le llamamos a los momentos donde sabíamos que el miedo nos paralizaría, porque saldríamos de nuestra zona de confort, porque podríamos fracasar, porque quizás termináramos en una situación aún peor, pero sabíamos que, si lo conseguíamos, las recompensas serían aún mayores y, por el contrario, si no lo hacíamos, nos arrepentiríamos siempre de no habernos atrevido... y SALTÁBAMOS...

»Lucas temía volver a la piscina, sus mayores temores eran dos: por un lado, la vergüenza a mostrarse semidesnudo con tan solo un pie, y por otro, el miedo a no controlar el nado por este mismo motivo.

Yo también tenía dos temores paralizantes: el primero, quedar en ridículo ante María al pedirle una cita algo formal fuera del hospital, y el otro, el temor a no ser aceptado en una de mis metas principales, la de ser entrenador de fútbol, mi incapacidad para correr o golpear la pelota era inaceptable para muchos.

»No nos quedamos paralizados por el miedo, por el qué dirán o por nuestra incapacidad, al contrario, programamos nuestros SALTOS DE VALOR y los dimos.

»Decidimos que el mismo día en que Lucas se lanzara a la piscina yo hablaría con María de algo más que de su trabajo o mis historias a los peques.

»Días después de nuestra decisión, animados el uno por el otro, ¡conseguimos lanzarnos a la piscina y una cita formal con la chica más guapa del hospital!

»Al contrario de lo que Lucas pensó, todo le resultó muy fácil. Su control de cadera le permitió nadar prácticamente en línea recta tras los primeros cincuenta metros y, aunque reconoció que había perdido mucha velocidad, el resto fueron solo buenas sensaciones, volvía a su medio, volvía a disfrutar de su mayor pasión.

"Haz lo que te apasiona, sigue tu intuición"

Steve Jobs

»Para mí, fue todo algo más complicado, porque continuaba con mi parálisis verbal cada vez que entablaba una conversación con María. Me llegaban tantos temores… me convertía en una persona tan pequeña, que toda mi autoestima se iba con mi pierna, aquella que ya no me acompañaba. ¿Quién era yo? No tenía estudios, ni profesión, quizás jamás la tuviera por mi incapacidad, además aún no tenía el alta médica definitiva, mi vida podría estar más cerca de su final que la de cualquier otro joven que eligiera María. Pero al igual que Lucas, aquella mañana tenía que saltar, no podía defraudarlo, ni a él ni a papá, que tan claro nos lo dejó en su carta… y salté…

»Y lo mejor de todo es que, al igual que para Lucas, fue mucho más sencillo de lo que esperaba. Sabiendo que no podía alargar mucho mi conversación, tras saludarla por el pasillo la paré para hacerle la pregunta.

—María, ¿tienes planes para este viernes? Se estrena una película que me encantaría ver contigo…

—¡Genial! Claro que sí, Ángel.

»No me permitió acabar la frase, parecía que hubiese estado deseando que le hiciera esta pregunta.

—¡Estupendo! Este viernes no tengo planes especiales, lo de siempre, salir con mis amigas tomar unas copas, y bla, bla, bla, contarnos lo de siempre, poco más. Además, hace mucho que no voy al cine, me encanta la idea.

—Pues la pasan a las ocho, ¿cómo te viene?

—Bien, yo estoy de mañana, así que si quieres te puedo recoger sobre las siete y vamos con tiempo.

»No me lo podía creer, parecía que fuera ella la que había estado deseando quedar. No hubo preguntas, ni dudas, ni excusas, como en ocasiones me planteaban mis pensamientos paralizantes. Resultó más sencillo que en la mejor de mis mejores visualizaciones, ¡ni siquiera me preguntó por la película que veríamos!

"Si puedes soñarlo, puedes hacerlo"

Walt Disney

»Y ese día, para mí, comenzaron los diez años más felices de mi vida, junto a María, mi mujer, con la que fui capaz de descubrir y disfrutar de cada uno de los puntos que papá y mamá nos escribieron en su carta.

—¿Diez años solo? ¿Te has separado, Ángel? —preguntó Toni algo extrañado.

—No, Toni... tengo tanto que contarte...

Enseñanzas de La Carta...

DECIDE QUÉ QUIERES LOGRAR EN LA VIDA, CUÁL SERÍA AQUELLA META QUE LLENARÍA TU ALMA, ¡ATRÉVETE A SOÑAR!...

Prueba la técnica de la varita mágica... Si tuvieras ahora una varita que te permitiera ser, hacer, tener aquello que más desearas en la vida con tan solo agitarla, ¿qué serías? ¿Qué estarías haciendo? ¿Qué tendrías?...

Párate a pensar esto por un momento... ¿estás muy lejos de conseguirlo? ¿Esta distancia te hace pensar que podrás conseguirlo o que no podrás?...

Tanto si tu respuesta ha sido que SÍ como si ha sido que NO, en ambos casos tienes razón, y esto no te lo digo yo, esta frase se le atribuye a Henry Ford, quien a comienzos del siglo XX decidió agitar su varita y verse transformando el mundo del automóvil... A él también le quedó muy, pero que muy lejos, esa imagen, pero no paró hasta conseguirlo. Lo tacharon de loco como a tantos otros antes y después que él, pero finalmente lo consiguió...

¿Y tú? ¿Quién te ha dicho que no puedes ser TÚ el siguiente loco que busque aquello por lo que nadie apuesta? Aquello que rompe totalmente con las creencias y las costumbres de quienes te rodean, aquella águila que un día decide volar y dejar atrás las gallinas que la estaban criticando...

Hace mucho tiempo, una vieja tradición familiar permitía a una joven estadounidense elaborar un asado de ternera al horno, que era la comida preferida de su hija, la cual, al igual que ella, había heredado la capacidad de hacer de cualquier plato una magnifica receta para el paladar. Pero un día la pequeña le planteó una pregunta respecto a su asado de ternera...

—Mamá, ¿por qué se cortan los dos extremos de la pieza de ternera antes de comenzar su preparación para el horno?

—No lo sé hija, así me lo enseñó tu abuela y así se viene elaborando desde hace mucho, seguro que es importante para que nuestro asado sea tan delicioso.

—¿Puedo preguntar a la abuelita por qué ella lo cortaba?

—Claro, llámala si quieres.

Y así, esta pequeña cocinera con hambre de aprender llamó a su abuela, la cual con mucho cariño le dio la misma respuesta que su madre; así lo había visto hacer a su madre... Por suerte, esta mujer casi centenaria aún vivía, y de nuevo le dieron permiso para realizar la llamada...

—Abuelita, estoy cocinando con mamá nuestra receta de ternera al horno, ¿tú sabes por qué debemos cortar los extremos de la porción de ternera antes de comenzar a cocinarla?

—Pues sí, hija mía. —Su bisabuela, la madre de su abuela, la abuela de su madre, le respondió con todo el cariño del mundo—: En casa no teníamos mucho con lo que cocinar y solo contábamos con una pequeña bandeja en la que introducir la ternera en el horno, esta era la única forma de que entrara en él...

Descubrió ese día nuestra pequeña cocinera dos aspectos de los limitantes y las creencias: que no siempre son ciertas, y lo más importante, que no tienen por qué ser eternas.

Al igual que ella, puede que tú estés solo a un pensamiento de conseguirlo: tus pensamientos te llevarán a la emoción, la emoción a la ACCIÓN y la acción a tu destino...

La historia de Dj Les Brown...

En los años sesenta, Les era un joven huérfano al que un día sus profesores le dijeron que una pequeña minusvalía psíquica le impediría acabar sus estudios con normalidad y que jamás podría alcanzar grandes metas.

Por suerte, en la etapa de secundaria, otro de sus profesores le animó a pensar lo contrario y lo desafió a no creer en la opinión de los demás, sino más bien en la fuerza de sus sueños...

Y el suyo era llegar a ser un gran presentador de radio para ganar dinero con el que comprar una gran casa a su madre adoptiva, aquella que con tanto amor y comprensión lo había educado...

Cada noche, al regresar de barrer las calles de su ciudad, usaba un cepillo para el pelo a modo de micrófono y comenzaba a imitar a su presentador de radio favorito, y soñaba... Ponía las mejores canciones del momento, hacía vibrar a los oyentes de todo el país con sus palabras y expresiones únicas, se sentía un locutor reconocido en el mundo radiofónico... Hasta que algún miembro de su familia le pedía a gritos que dejara de hacer el **loco** de una vez y se fuera a la cama...

Un día decidió tomar acción y fue a hablar con el director de la emisora de radio de su ciudad... "Estás **loco**", le decían en casa, "¿Cómo vas a trabajar allí si eres un simple barrendero?"... Pero él ya había aprendido la lección: no escuchar a los demás cuando intentan cortar tus alas...

—*Me gustaría trabajar en su emisora de radio, señor.*

—*Pero, ¿tienes experiencia? ¿Has trabajado alguna vez en alguna emisora de radio?*

—*No, señor, solo sé que podré ser un gran locutor si usted me lo permite.*

—*Lo siento, chico, no tenemos trab*ajo para ti.

Pero el director de la estación no sabía que Les tenía un propósito y había decidido alcanzarlo.

Durante la semana siguiente, Les fue todos los días y volvió a ofrecer su servicio para lo que fuese necesario en la emisora. De esta forma acabó siendo el chico de los recados, ya estaba dentro y podía ver su objetivo mucho más cerca.

Sus ganas de aprender y de lograr su meta le hacían trabajar con tanta ilusión y entusiasmo que pronto llamó la atención de todos... Incluso le permitieron ser chófer de los cantantes invitados; no tenía permiso de conducir, nunca le preguntaron... Él solo quería estar allí.

Observaba cómo funcionaba todo, se quedaba hasta el cierre de la emisora recogiendo y limpiando con la única intención de aprender, de formarse... Les lo recuerda así: **"*es mejor estar preparado y no tener la oportunidad, que tenerla y no estar preparado*"**.

Y llegó su oportunidad: una noche, mientras recogía y ordenaba la emisora, observó cómo Rock, el presentador que estaba en el aire, no paraba de beber, él, desde el otro lado del cristal, lo observaba y le animaba a seguir bebiendo.

Al poco tiempo, Rock quedó dormido y con él su emisión radiofónica. Al momento sonó el teléfono, era el gerente de la emisora...

—Les, ¿sabes qué le ha pasado a Rock?

—Creo que ha bebido demasiado, señor.

—Está bien, Les, por favor, llama a cualquiera de los compañeros y explícale lo ocurrido para que vayan a sustituirle.

—Ok, señor, llamaré ahora mismo.

Pero Les no llamó a ninguno de los otros locutores, llamó a su casa...

—Mamá, poned la radio, en breve comenzaré a emitir, podrás escuchar a tu hijo en el aire.

A los cinco minutos volvió a llamar el gerente...

—Les, ¿localizaste a alguien?

—No, señor, no pude contactar con nadie.

—Está bien, Les, ¿sabes usar los controles básicos?

—Claro que sí, señor.

—Genial, pon algo de música y no digas nada, por favor, buscaremos una solución.

Su sueño se había hecho realidad, la oportunidad llamaba a su puerta y él hacía mucho que la estaba esperando...

Les se lanzó a la cabina, encendió el micrófono y lo siguiente ya es historia... Se convirtió en uno de los principales DJ de Estados Unidos, presentador de televisión, político, escritor, orador motivacional y defensor de la frase... **"No permitas que la opinión de otro sea tu realidad"**.

"La acción no siempre trae felicidad, pero nunca hay felicidad sin acción"

Benjamin Disraeli

ACCIÓN...

Acción no es más que comenzar a dar pasos, a avanzar en dirección a tu objetivo más alto, y esto te resultará más sencillo si lo acompañas de un

PLAN...

Este plan no es otra cosa que tu planificación a corto, medio y largo plazo hacia el logro final. Te permitirá medir, valorar y evaluar lo que te has propuesto y lo que has hecho realmente. También te permitirá marcar y celebrar tus pequeños éxitos, porque cada una de esas pequeñas metas que alcances realmente son grandes logros, con ellos no solo te estás acercando más a la meta final, sino que estás mejorando tu autoestima y estás grabando en tu subconsciente que realmente **PUEDES LOGRARLO, QUE TIENES EL CONTROL Y QUE TU VIDA TIENE UN PROPÓSITO**... Y como ya hemos visto, esto es la base de la FELICIDAD DEL SER HUMANO.

"Cualquier hombre hoy es el resultado del pensamiento de ayer"

Napoleon Hill

Una historia de éxito...

Con tan solo diez años, animado por su profesora, se presentó a su primer concurso de cante flamenco, su hermano le tocaba la guitarra, él jugaba a cantar. Y así, jugando, ganó el primer premio.

Comenzó a descubrir que había nacido en la cuna del cante, que vivía rodeado de artistas que expresaban su arte de forma natural, por lo que la música, el cante flamenco, era parte de su naturaleza, que disfrutaba con ella y, lo más importante, que sin apenas esfuerzo lo hacía bien.

Este proceso natural lo llevó a los escenarios, y tras pequeñas actuaciones, a los dieciocho años, realiza su primera gira. Se plantea entonces dedicarse de forma profesional al cante, por lo que comienza a estudiar a sus ídolos.

Lo hace gracias a los casetes que su madre le compra o él mismo consigue en tiendas y mercadillos. De este modo, se introduce en el mundo de los más grandes cantaores de la historia, y mano a mano, compartiendo con ellos sus cantes, va perfeccionando su estilo, su voz, su arte…

Es en Japón donde, tras un contrato de seis meses, lo descubre una de las mejores bailaoras de flamenco del momento y comienza ahí una gira continuada que durará cuatro años. En este tiempo recorre el mundo entero por tres veces, de país en país, de escenario en escenario, dándolo todo, aprendiéndolo todo, porque él sabía que solo así podría estar donde soñaba, a la altura de los artistas de sus casetes.

A su regreso, en una de las bienales más importantes de España, consigue el premio al artista revelación, él no lo había buscado, pero todo esfuerzo tiene sus frutos, y este galardón no fue más que el reconocimiento correspondiente a tanta dedicación.

Pero tras unos años sin bajar del escenario, la presión a la que se vio sometido como artista y la falta de reconocimiento por parte de cierto sector de su profesión, le hace dudar de su valía, incluso de si realmente tanto sacrificio y esfuerzo le merece la pena.

Comienza ahí un periodo de crisis personal y profesional, que le lleva a dejar de actuar y plantearse, incluso, el abandono de la profesión.

No obstante, su instinto, su don natural, le devuelve la chispa por el cante. Vuelve a oír aquellas viejas cintas con las que tanto soñó cuando solo era un niño, y estas le hacen descubrir aquello para lo que nació... Le presenta nuevamente cuál es y será su propósito de vida.

Decide entonces que la única manera de llegar a romper con ese mar de dudas que le ahoga es demostrarse a sí mismo y a todos los demás que él es mucho más que un artista revelación, más que un artista nacido para pequeñas actuaciones en las que siempre destaca el bailaor. Se propone ese día conseguir el mayor de los premios al que un artista de su estilo puede aspirar, La lámpara minera, el "Óscar al mejor actor" en el mundo del flamenco.

Pero esto representaba un gran reto, él no era un artista novel, como la mayoría de los que se presentan a este concurso en busca de éxito y fama profesional, él ya tenía un recorrido, cierto reconocimiento, y el concursar como un aspirante más para finalmente no conseguir el premio podría suponerle el fin de su carrera, ya que su participación solo le habría valido para dar la razón a aquellos que lo calificaban como un cantaor más.

Pero él no era uno más, y comenzó a prepararse sintiéndolo así, como lo que había venido a ser, uno de los grandes en el mundo del flamenco. Por este motivo, por no tener nada que demostrar, se preparó con la intención de cantar, en lugar de concursar. A diferencia del resto, él simplemente se propuso salir a cantar, a hacer aquello para lo que había nacido, y demostrar a todos que allí, sobre el escenario, estaba la mejor versión del ARTISTA que era, del artista que había llegado a ser por esfuerzo y dedicación, y que de la manera más honesta posible, como a él le gusta decir, y con la certeza de haber dado hasta el último aliento en la preparación de aquella actuación, aquella noche subió al escenario y demostró a todos en quién se había convertido aquel niño que nació para cantar.

—Buenas noches. Voy a cantar por cartageneras... —Sonó la guitarra, continuó su voz.

Y no hizo falta más que su presentación para que el público y el jurado supieran que estaban ante el ganador. Esa noche no solo se llevó el premio internacional de La lámpara minera al mejor cantaor flamenco, sino los cinco a los que optaba. Esa noche, el mundo del flamenco dio la bienvenida a un nuevo artista para la historia.

Él es David Lagos, uno de los mejores cantaores y compositores de flamenco del mundo.

"Busca tu éxito en aquello que has venido a hacer, porque fluirá en ti de forma natural".

David Lagos

CAPÍTULO 3

Cuando descubres que de un almendro jamás brotarán manzanas...

"No sé cuál es tu destino, pero una cosa sé: los únicos que verdaderamente serán felices son quienes han tratado de servir y han descubierto cómo hacerlo".

Albert Schweitzer.

Muchas personas piensan que no pueden dar porque no tienen o tienen muy poco, y eso es lo que obtienen, nada o muy poco, porque es lo que están manifestando continuamente. Esperan que la vida les dé a cambio de nada, solo piensan en sí mismos o continuamente se están quejando de su situación sin parar a mirarse a sí mismos y preguntarse qué están haciendo ellos por los demás, qué valor están aportando al mundo para que este les recompense en igual o mayor medida.

Entrégate en el acto de dar y ayudar a los demás sin buscar recompensas, sin pedir nada a cambio, y comprobarás cómo, cuantas más personas seas capaz de alcanzar en tus actos, mayores serán las recompensas, y descubrirás cómo las económicas, finalmente, son las menos valiosas.

Así funciona la ley del dar y recibir, la ley de la siembra y la cosecha, que, al igual que en la naturaleza, se cumple también en el ser humano. A nadie se le ocurre ir a un huerto y decirle a la tierra: "Aquí estoy, cuando recoja tus frutos sembraré algo"... Esta persona jamás recogerá cosecha alguna y esto funciona así para TODO lo que puedas entregar, amor, amistad, amabilidad, dinero...

Por eso recuerda que la abundancia, en todos los aspectos de tu vida, te llegará en la medida que seas capaz de dar. No tengas miedo a dar en exceso, a entregarte en exceso, porque si hay algo que he podido comprobar es que **la vida te devuelve todo lo que das multiplicado**. La ley de la siembra y la cosecha siempre se cumple y aquello que has hecho con dedicación esfuerzo y amor, te ofrecerá recompensas, siempre en igual o mayor medida.

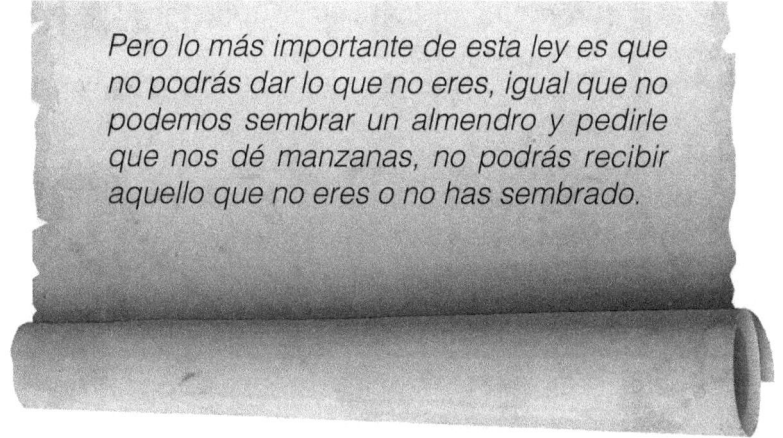

Pero lo más importante de esta ley es que no podrás dar lo que no eres, igual que no podemos sembrar un almendro y pedirle que nos dé manzanas, no podrás recibir aquello que no eres o no has sembrado.

La vida de Toni...

—En mi vida he dado poco, hermano, he dado poco y he exigido mucho.

»Cuando llegué a Madrid me convertí en una persona egoísta e insoportable. No comprendo cómo tía Jessica pudo aguantar a ese niño mal criado en el que me convertí y que no llegué a descubrir hasta que nos dejó para siempre. Ella, por el contrario, fue todo corazón y respondía a mis actos caprichosos y egoístas con amor y comprensión.

»No sé qué ocurrió dentro de mí. El hecho de sentirme solo, en una ciudad desconocida, en un instituto distinto al nuestro y en una casa tan extraña y fría como aquella en que pasaba tantas horas a solas con mis pensamientos, me fue alejando de mi pasado y decidí guardarlo en un cajón, junto a la carta. Decidí olvidaros para que la distancia no me hiciera más daño, y esto me fue creando un vacío que me dejó sin nada que dar; solo odio, rencor y creo que mucho miedo…

»Miedo a perder y al mismo tiempo a no tener ya qué perder, miedo a un futuro incierto, tan distinto al que tenía planeado, tan triste, que en mis horas de soledad me hacía llorar... y llorar... Descargaba toda mi ira en lágrimas de dolor, lágrimas que jamás nadie llegó a ver, excepto las paredes de la habitación donde pasé aquel primer año en Madrid. Para el resto del mundo era Toni, un chico introvertido y duro con el que no se podía bromear y mucho menos hacerle daño. Cuando sientes que lo has perdido todo, te muestras al mundo con tanta autosuficiencia que este comienza a apartarte, a dejarte aún más solo y, tal como plantea papá en la carta, fui recibiendo aquello que di... soledad...

»Yo pedía amor cuando entregaba rabia, pedía amistad cuando entregaba egoísmo, pedía comprensión cuando entregaba indiferencia, pedí huir y me ayudaron las drogas...

»Dada mi actitud, a mi lado solo estaban dispuestos a estar los más pandilleros y macarras; con ellos me sentía acompañado y comencé a tener de nuevo un pequeño grupo de amigos que, aunque no llenaban mi soledad, al menos cubrían mi necesidad de pertenencia a un grupo, tenía con quien compartir... problemas...

»Por supuesto, esos dos primeros años abandoné los estudios, los libros y mis profesores estaban tan alejados de mi realidad que no tenía sentido ni siquiera mi asistencia a clase. Cuando iba, me dedicaba a dibujar, me sentía liberado al hacerlo, me relajaba y eso gustaba a los docentes, así que no me interrumpían. Fue así como durante casi dos cursos académicos mi única asignatura fue la que yo mismo había elegido, dibujo artístico.

»La mayoría de los días los pasaba en un parque o uno de los edificios abandonados que colindaban con el instituto, donde las únicas letras que veíamos eran las de los grafitis que llenaban las paredes, junto a alguno de mis dibujos, los cuales nadie se atrevió jamás a tocar, porque para muchos eran obras de arte; claro está, lo decían bajo los efectos de la marihuana, la misma compañera que me ayudó a dibujarlos, la misma que me llevó al calabozo el día en que tía Jessica me salvó la vida...

»Nuestra pequeña pandilla estaba formada por almas a las que, al igual que yo, la vida no les había sonreído aún, y aunque algunos afortunados tenían padres a los que dar explicaciones, estos, o no llegaban a pedírselas, o eran incapaces ya de controlar a aquel niño que un día, queriendo ser adulto, comenzó a fumar.

»Uno de nuestros amigos conoció a la chica equivocada y este amor casi acaba con su vida. Ella llegó un día al edificio acompañando a una de nuestras amigas y, al igual que a todos, a Esteban le encantó. Él fue el único en mostrar valor suficiente para acercarse y hablar con ella, no sé si fue su valentía o el amor quien lo empujó a hacerlo, ya que todos sabíamos quién era.

»Irune era novia de un tipo mayor que nosotros que surtía de drogas a todo el instituto y que solo aparecía en ocasiones para permanecer junto al parque pegado a su oficina, un flamante BMW deportivo de los años ochenta.

»Desde aquel día Irune fue presentándose más por el parque y por nuestras clases en el edificio abandonado, era un alma descarriada al igual que nosotros, y, por cierto, muy distinta a como todos la habíamos imaginado. Su simpatía y cercanía hacia cada uno de los miembros de nuestra pequeña pandilla permitió que, sin darnos cuenta, comenzáramos a aceptarla como una amiga más sin recordar con quién había estado... o aún estaba...

»La primera noche que nos acompañó de marcha, a la salida de un *pub*, se acercaron unos tipos que no conocíamos y, sin mediar palabra, la agarraron del brazo e intentaron llevársela a la fuerza.

»Ella se resistió, forcejeando y llamándoles por sus nombres mientras les insultaba.

»El primer golpe lo soltó Esteban, y ya nada podía parar lo que vendría después. Yo agarré por el cuello a otro de los que intentaban llevarse a Irune y pronto dejamos de ser cinco en la pelea, pude ver a toda nuestra pandilla, seríamos unos diez, tanto chicos como chicas, gritar y pelear con gente que yo jamás había visto.

»Muy pocos eran los que separaban y muchos los que soltábamos nuestra ira, nuestros miedos y nuestros odios en cada golpe. Mientras peleaba con cualquier desconocido que intentaba acercarse a Esteban, que parecía el culpable de la situación, ya que todos le acusaban y arremetían contra él, comprendí lo que sucedía. Al otro lado de la calle pude ver cómo Irune gritaba a su exnovio, una fuerte bofetada le hizo guardar silencio, cayó al suelo y, aunque intenté acercarme a ella, un duro y estridente impacto en mi cabeza me hizo parar. Me giré y solté toda mi rabia contra aquel que me acababa de abrir la cabeza con un vaso de cristal, no sentía dolor, solo la sensación de la sangre caliente bajando sobre mi rostro. Justo al caer mi agresor, la siguiente imagen que pude ver fue la de nuestro camello, el exnovio de Irune, que se dirigía con el rostro desencajado hacia Esteban, el cual había acabado algo apartado y, mientras era sujetado por dos, un tercero le golpeaba sin pasión; corrí a ayudarle, pero no llegué a tiempo…

»Él estaba recibiendo golpes, de espaldas a la carretera por la que cruzaba el narcotraficante. Este mostraba en su rostro la expresión del odio y la venganza, en su mano, oculta, pero asomando entre los dedos, el brillo de la hoja de una navaja. Intenté correr aún más si pude, pero llegué tarde, tropecé justo antes de llegar a Esteban y, al caer, su sangre se mezcló con la mía en mi rostro.

»Mi primer taxi en esa noche fue una ambulancia y el segundo un furgón de la policía. Fuimos muchos los que acabamos en el calabozo con vendajes, fracturas y magulladuras. Yo llegué con algo de cada prácticamente por todo el cuerpo, lo peor fueron las fracturas múltiples en mi mano derecha y los más de diez puntos de sutura en la cabeza. Esteban salvó la vida de milagro, aunque esa noche lo dimos por muerto, y al resto ya no los volví a ver, me despedí de ellos cuando me recogió tía Jessica en el calabozo, les dije: "Mañana hablamos, chicos... pero ese día nunca llegó". Por suerte, Jessica me sacó de allí, aunque en ese momento no lo pude entender...

»Dos días después, y aún sin estar recuperado, me llevó a Ávila a un internado donde debería titular en secundaria y aprobar bachillerato, toda una locura dada mi situación.

»Yo nunca quise abandonar Madrid, el instituto, mi pandilla... Prometí que cambiaría, que dejaría de fumar, de fugarme de clase, que volvería a ser... quien nunca fui... No pude convencer a tía Jessica, ella no supo establecer normas, ni mantener los límites que intentó ponerme, siempre le venció mi rebeldía, mi carácter desafiante y atrevido, y en ese momento, por desgracia, no estaba para esfuerzos extras. Comenzaron a aparecerle los primeros síntomas de su enfermedad y el fuerte tratamiento aún la debilitaba más.

»Yo le prometí que iría, pero por poco tiempo, ya que faltaba menos de un año para cumplir la mayoría de edad y, al hacerlo, saldría de allí y me marcharía lejos, donde nadie pudiera controlarme.

»En mi viaje de ida programé una nueva huida, solo tendría que esperar hasta los dieciocho.

»Pero, como sabes, al poco tiempo la enfermedad de tía Jessica se agravó y comprendí entonces que mi traslado a aquel internado no fue más que un último intento de ayudarme donde ni ella ni mis padres pudieron hacerlo.

»Al cumplir los dieciocho, el fallecimiento de tía Jessica me volvió a llenar de tanto dolor que me dio miedo salir y volverme a sentir solo, a buscar de nuevo el calor de las drogas, por lo que decidí quedarme. Esta fue la primera y única vez que no he huido por miedo y creo que esta decisión salvó mi vida.

»En el internado me enseñaron a dar valor al esfuerzo, ya que sin él no obtenía la mínima de las recompensas, y fue así como corté con el mundo de las drogas y al mismo tiempo descubrí que nunca se me habían dado mal los estudios, que simplemente yo había estado en un momento de mi vida en el que no comprendía nada de lo que me pasaba.

»No comprendía por qué mis padres tuvieron que marchar tan pronto, por qué fui yo quien tuvo que romper con su pasado y huir de mi ciudad natal, de mis amigos y mi hogar… por qué me sentía tan solo pese a estar rodeado de gente, de la cual mucha se acercaba a mí con aprecio y amistad sincera, pero yo no sabía valorarla, porque seguía sin comprender… ¿Por qué la vida no me sonreía como lo hacía a otros y solo me traía pensamientos de añoranza, sufrimiento y envidia? Envidia por la vida que a otros les había tocado vivir. Ellos, tras aquellas paredes, bailaban al son de otra música muy distinta a la que sonaba en mi interior, mi música era estridente, arrítmica y desgarradora, y al son de esta mi baile no podía ser otro que aquel que representaba para todos los que intentaban acercarse a mí. Me aparté del mundo, decidí ser yo y yo mismo salir adelante demostrándole a todos que podía ser alguien sin la ayuda de nadie que finalmente me abandonara de nuevo. Que yo jamás me rendiría y que, sin necesidad de más apoyo que el que mi tía y mis viejos amigos me habían dado cuando los tenía conmigo, me convertiría en alguien, llegaría lejos en la vida, porque Toni Peñalosa ya había sufrido mucho, porque, aunque la vida no le sonriera, él estaba dispuesto a vencerla de un fuerte derechazo.

»Nada ni nadie podría romperme el corazón más de lo que ya lo tenía, así que, en aquella pequeña y fría habitación de mi internado, en aquel edificio que en muchas ocasiones hizo las veces de cárcel, volví a la vida con un único propósito, el de hacerme valer por encima de todo.

»Me olvidaría de dibujar por amor al arte, ya que el amor solo me había demostrado que traía dolor a tu vida. El amor a mis padres, que me abandonaron tan pronto, a mi hermano, que perdí cuando monté en el tren, a mis amigos, que solo trajeron problemas, a mi tía… que también marchó.

»Decidí que por ella estudiaría *marketing* o publicidad, ya que siempre me animó a llevar mis dibujos al mundo que ella conocía y, aunque fuera después de su muerte, intentaría devolverle tanto amor y comprensión como me dio cuando yo no supe darle nada.

»Y fue así como, en su honor, acabé estudiando Marketing y dirección de empresa, sin mucho gusto por lo que hacía, pero cargado de motivos para hacerlo.

»Fue entonces cuando descubrí aquello que decía Marilyn Monroe, que una bonita carrera es algo maravilloso, pero no sirve para acurrucarse junto a ella las frías noches de invierno…

115

La vida de Ángel...

—Mientras tú peleabas en las calles de Madrid, yo luchaba contra mi enfermedad en un hospital de Barcelona. Toni, ¿te das cuenta? Mientras tú te centrabas en recibir, a mí la vida me permitió conocer la felicidad del dar, de la entrega al otro, y fue así como obtuve recompensas multiplicadas...

»Para mí, la ley de la siembra y la cosecha estuvo presente en todo momento, sabía que la vida te devuelve lo que das multiplicado, porque observando a Tía Lui así lo descubrí, no solo en lo que nos contó papá... Tía Lui era única, jamás he conocido a una mujer igual...

»Habíamos pasado juntos el duelo del fallecimiento de papá y mamá y ya por fin la vida nos sonreía de nuevo, a ella en su trabajo, a mí en dos de mis pasiones: el fútbol y los estudios...

»Pero, de pronto, sin avisar, como suelen llegar las malas noticias, una fría tarde de invierno, a mis diecinueve años, cuando acababa de empezar la carrera de arquitectura, todos nuestros proyectos, todos nuestros sueños, se desplomaron, cayeron a pedazos y sin poder parar a rehacerlos, los guardamos en un cajón, en el fondo de nuestro corazón y la vida comenzó de nuevo para ambos...

»Mi fuerte dolor de cadera no era un golpe, no era una contractura, no era nada de lo que hasta ese momento me habían diagnosticado. Llevaba sin jugar a fútbol desde hacía casi tres meses, una caída inadecuada me había producido un grave traumatismo en mi cadera derecha y esto me apartó del terreno de juego de forma radical. Gracias a mi lenta recuperación pude acompañar a Tía Lui en lo que desde el fallecimiento de papá y mamá se había convertido en una de sus principales tareas, la de gestionar una asociación que cada vez iba pareciéndose más a una ONG que a una pequeña asociación de amigos.

»Tras recuperarse del duelo, como ya te he contado, decidió trabajar algo menos de lo habitual y cambiar alguno de sus viajes por la entrega a los demás y la ayuda a los jóvenes que, como nosotros, pasaban por situaciones algo complicadas. A veces he pensado que ella creó todo aquello pensando en ti, Toni, pero tú nunca quisiste escucharla, escucharnos. Tú hubieras sido uno de nuestros chavales y, como decía tía Jessica, a ti también te hubiéramos salvado.

»En esta asociación se apoyaba a jóvenes que no tenían la suerte que habíamos tenido nosotros de contar con papá y mamá o con nuestras tías guiándonos en nuestro crecimiento, apoyándonos, EDUCÁNDONOS y, en definitiva, sirviéndonos de modelos que seguir. A ellos solo se les pedía el compromiso de asistir a clases, a las reuniones semanales y, lo más complejo para la mayoría, dejar las drogas cuando fuera necesario.

»Lui supo hacerlo de modo tan especial, con tanto amor, que en menos de dos años contaba con un equipo de diez voluntarios, los cuales realizaban un seguimiento personal y cercano a los jóvenes apoyándoles en su proceso de maduración, de cambio hacia una vida con propósito. Pronto llegaron a tener lista de espera de familias, jóvenes o adolescentes que pedían entrar en el grupo de los elegidos, como así les llamaban todos.

»Este grupo no era fácil de llevar, lo componían chicas y chicos, alguno de los cuales, a sus diecisiete años, ya habían pasado por el reformatorio en varias ocasiones y acabarían pisando la cárcel si cumplían la mayoría de edad y continuaban en el mundo de las drogas, que era donde había empezado todo.

»Junto a estos, estaban otros jóvenes cuyos problemas no estaban tan motivados por las drogas, sino por la falta de intereses, de objetivos y de normas en su vida. Desde muy jóvenes, y al cumplir los dieciocho años, descubrían que el mundo ya comenzaba a pedirles cuentas, al mismo tiempo que todos les daban la espalda...

»Por este grupo pasaron algunos conocidos. Algunos de los vampiros que acabaron demasiado tocados por las drogas y otros como Rosa, tu último amor, que hace más de veinte años llegó a Lui asustada, pidiendo ayuda cuando descubrió que estaba más cerca de acabar en la cárcel que en la universidad.

»Rosa era una gran chica, ya te contaré cómo llegó a nosotros destrozada por la vida y acabó siendo la mano derecha de Lui. Es una bonita historia.

—¿Cómo? ¿Rosa la mano derecha de Lui? No me...

—Perdóname, Toni, déjame seguir, te hablaré de Rosa más adelante —le interrumpí ya que sabía lo que había significado para él esta relación. Si continuábamos hablando de ella abandonaríamos incluso la lectura de la carta.

»Como te contaba, el fútbol era mi vida y la pesada lesión de cadera continuaba impidiéndome jugar, por lo que acudimos a un nuevo especialista para conocer una segunda o quizás tercera opinión de aquella lesión que ya comenzaba a cansarme. Este traumatólogo nos dio un diagnóstico totalmente distinto de los que hasta ahora nos habían ofrecido, y estos resultados, aun siendo los más duros, los más dolorosos e inaceptables que nos habían dado hasta ese momento, nos convencieron a ambos y tuvimos la certeza de que esta vez nos decían la verdad, no tendríamos que buscar una nueva opinión. En mi cadera no había una contusión, no había una lesión muscular, lo que tenía era un osteosarcoma o lo que traducido quería decir que en mi cadera se observaba cáncer de hueso...

»El mundo se me vino encima, yo sería el siguiente, pensé; fue lo primero que se me vino a la cabeza. Mi vida estaba a punto de acabar y esta sería otra muerte más en la familia, primero papá y mamá, luego tía Jessica y ahora yo. Me dolió el alma, pero no por mí, sino por Lui, acababa de superar la muerte de otra hermana, aún luchaba por ti y tu decisión de permanecer en la distancia pese a todo lo que te ofrecía, y ahora venía yo a hacerle esto.

»Vino la vida y nos golpeó nuevamente.

»Las palabras del doctor fueron breves, inversamente proporcional al dolor que causaron:

»"En oncología os podrán aclarar el alcance de la lesión, no me atrevo a deciros más".

»Nos fuimos de la consulta sin hablar, sin soltar una lágrima, nuestras manos fuertemente unidas eran nuestra única forma de comunicarnos. Tampoco hablamos en el taxi de regreso a casa; tantas cosas pasaban por mi mente, puse tantos finales a mi vida: los amigos, mi novia, en aquel entonces acababa de empezar con Laura Puig, sí la chica de la playa que siempre me gustó. También puse fin a mi futuro como futbolista, como arquitecto reconocido y, por supuesto, también pensé que jamás volvería a verte, te eché tanto de menos en esos momentos, hermano, no te imaginas cuánto te necesitamos a nuestro lado en aquellos duros años...

»Al llegar a casa la realidad se me hizo insoportable y quedé paralizado. No sabía qué decir, qué hacer, adónde ir, a quién llamar. Y me quedé ahí junto a la puerta no sé por cuánto tiempo, hasta que el abrazo de tía Lui lo despertó todo:

»"No te preocupes, Ángel, saldremos de esta, tú eres fuerte, todo va salir bien". Y comenzó a llorar entre mis brazos.

»Y juntos, fundidos en un abrazo, volvimos a soltar nuestros más hondos sentimientos, como lo hicimos aquella noche del accidente, como cuando descubrimos que tía Jessica nos dejaba o como cuando finalmente falleció, y este dolor llegó tan al fondo de mi corazón que me hizo reaccionar como nunca lo había hecho antes. Decidí que ese no podría ser el final, Tía Lui no se lo merecía y yo no iba a permitirlo.

»"Tía Lui, no vamos a llorar más, esto no es más que una prueba que debemos superar y esta vez vamos a ganarle a la vida, no podemos quedarnos aquí llorando otra desgracia más, vamos a sonreírle a la vida, disfrutemos del tiempo que nos queda por delante, vivamos el momento y soñemos con que la vida nos sonríe, mi destino aún no está escrito, vamos a escribirlo juntos".

»Y fue así, hermano, como comenzaron los años más duros de mi vida, pero, al mismo tiempo, los más enriquecedores. Dicen que Dios forja a sus mejores marineros en grandes tempestades... Yo fui uno de los elegidos; sobreviví a cada una de las que me envió durante cuatro años.

»Cuatro años de entradas y salidas continuas del hospital, cinco operaciones en mi pierna y eternas sesiones de quimioterapia y radioterapia. Y, lo más doloroso, para acabar con todo este proceso tuve que perder mi pierna derecha.

»En esos primeros momentos, el mundo se nos venía encima, la vida, en ocasiones, se me hacía tan cuesta arriba que dejaba de tener sentido, pero, ¿sabes? Siempre me sucedió igual, encontré la respuesta no en la espera de ayuda, de comprensión, de apoyo; la encontré en la entrega. Fue ahí cuando comencé con mis sesiones de pirata payaso, de ayuda a tantos chicos que como yo sufrían un proceso traumático tan doloroso y, en ocasiones, aún más desgarradores que el mío. En respuesta a mi apoyo solo obtuve más ayuda, comprensión y amor del que yo jamás hubiera imaginado. Descubrí que, aunque la vida me había pedido una entrega muy grande, a cambio yo recibía mucho más de lo que daba.

"En realidad, la manera más fácil de obtener lo que deseamos es ayudar a los demás a conseguir lo que ellos desean".

Deepak Chopra

»Descubrí que aplicar la ley del dar y recibir es muy sencillo, simplemente entrega aquello que deseas recibir y la vida te lo devolverá multiplicado; si deseas amistad sincera, vuelca tu corazón hacia tus amigos, si deseas amor, vive por y para la entrega del mismo por donde quiera que vayas, si deseas alegría, haz feliz a quien tienes al lado...

»Muchas personas viven apegadas a una conciencia que les hace ver que, si dan, perderán lo que tienen, que en cuanto la vida les dé más, ellos darán más, y esta ley nos dice lo contrario, que **es la siembra la que trae la cosecha,** que es la entrega la que te hace rico y no solo en dinero. La entrega hace que se ponga en marcha el proceso de circulación y todo aquello que entregas te acabará llegando porque tú lo has iniciado.

»Toma la decisión de dar, allí donde vayas, allí donde estés, desde este momento ELIGE ser una persona que entrega a los demás, y no pidas nada a cambio, disfruta del hecho de sentirte abundante; regala una flor, un cumplido, una sonrisa, tu tiempo...

»Fue simplemente eso lo que Lui y yo comenzamos a hacer esos primeros años de mi lesión. Ella se entregó en cuerpo y alma a mí a y los otros chicos de la calle, yo me entregué, todo lo que mi enfermedad me permitió, a ayudar a otros jóvenes hospitalizados. Y en este proceso de ayuda ambos recibimos el amor que dimos multiplicado, en forma de agradecimientos, de apoyo y ánimos para vencer mi enfermedad y para hacer funcionar el maravilloso proyecto de Lui. También de ayuda económica, ya que gracias a las donaciones pudimos estar mucho más cerca el uno del otro, reduciendo a la mitad los viajes de trabajo de Lui, y muchos otros regalos a modo de gestos, de risas de los más pequeños, de lágrimas de los adultos, de abrazos de agradecimiento y palabras brotadas del corazón, las cuales compensaban cualquier esfuerzo y dedicación que hubiéramos realizado.

»En este proceso de entrega a los demás fue como Lui conoció a su actual pareja y yo conocí a María, y con ella la profesión más hermosa que la vida podía haberme regalado, pero eso es otra historia.

»Continuemos...

Enseñanzas de La Carta...

EL MUNDO ESTÁ LLENO DE GENTE QUE ESPERA FRUTOS DE LA COSECHA QUE NUNCA SEMBRÓ.

"Toda relación es una relación de dar y recibir. El dar engendra el recibir, el recibir engendra el dar".

Deepak Chopra

"EL MUNDO RESPONDE MÁS POSITIVAMENTE A LOS QUE DAN QUE A LOS QUE RECIBEN".

Jack Canfield

"El que siembra escasamente, también segará escasamente; y el que siembra generosamente, generosamente también segará".

Corintos 9:6

AL RECOGER ROSAS ENCONTRAREMOS ESPINAS; PERO CON LAS ESPINAS VAN SIEMPRE LAS ROSAS.

Don Bosco

Todo vuelve, nadie que haya sembrado mal cosechará felicidad...
y tú, ¿ qué estás sembrando?...

Una historia de éxito...

Cuando su padre le regaló aquel espectacular micrófono inalámbrico traído de la capital, no podía imaginarse que ese solo sería el primero de muchos. Su hijo ya había decidido que haría de su pasión su profesión, y mucho antes de que el mundo laboral le diera su primera oportunidad, él la creó. A los doce años construyó su primera emisora de radio, la cual no emitía hasta una distancia muy lejana, pero sí dejaba entrever el tamaño de su pasión por el mundo de la comunicación.

A los dieciséis años comienza a colaborar en una emisora de radio local y solo un año después, a los diecisiete, gracias a un concurso radiofónico, consigue entrar en el mundo del periodismo de forma profesional.

Y ahí, en esa primera emisora que le dio la oportunidad, es donde se curte como locutor, donde descubre el poder de sus palabras y la fuerza de la pasión por aquello a lo que ama e, inevitablemente, el crecimiento profesional.

Llegan ofertas, oportunidades de mejora laboral, que, aunque muy atractivas, todas son lejos, fuera de la zona cómoda y conocida en la que siempre desarrolló su trabajo, lejos de su familia y amigos, y cerca de nada, solo de la posibilidad de llegar con sus palabras a muchísimas más personas, de impactar con su idea de periodismo mucho más allá de lo que hasta ahora había imaginado y, de nuevo, su pasión le empuja a aceptar el reto.

Se marcha a kilómetros de todo, de todos, en busca de sueños, y en este viaje al crecimiento profesional y personal llegó a conocer la derrota, el dolor, que te hace más fuerte, que te ayuda a aprender.

Acabó perdiendo dos importantes programas radiofónicos, dirigió ambos, pero en uno jamás fue él, seguía directrices muy marcadas, un guion muy ceñido y, aun así, no le permitieron continuar… En otro, cuando más estaba disfrutando, cuando más rendimiento sacaba a los pocos medios con que contaba, la suerte también le dio la espalda y llamó a la puerta del estudio en forma de crisis económica y recortes de presupuestos. Al menos esta vez había sido él mismo y había aprendido que en la vida es mucho más importante ser tú el protagonista y disfrutar de lo que tienes y haces, a vivir en una mentira, en la realidad de otro, solo por aspiraciones económicas.

Este aprendizaje le lleva a volver a casa, a comenzar de nuevo, donde empezó, pero siempre con un micro en su mano y siendo él el protagonista de su historia.

Pero a su alrededor, amigos, compañeros, no tuvieron la misma suerte, y el desempleo los llevó a tocar fondo, parecía que el viento no soplaba a favor para nadie y las protestas y la desesperación que veía a su alrededor le impulsaron a actuar, a buscar la solución. Él siempre supo que jamás se alcanzó el éxito desde la queja.

Y es ahí, cuando todo estaba perdido, cuando todos tenían excusas, el momento en que descubre que el mejor periodismo es aquel que sale del corazón, aquel que no se vende, aquel que no se compra. Y decide tomar acción, buscar la solución a los problemas, dar un paso al frente, y al igual que hizo siendo solo un niño, crear aquello que necesitaba en ese momento. Pero esta vez no vale con una pequeña emisora de radio, ya que ahora los sueños son mucho más altos, las expectativas más ambiciosas, los motivos más profundos, los porqués más dolorosos…

Va más allá y crea una nueva forma de comunicar. Comienza a modo de revista deportiva, que pronto pasa a ser digital, y que, finalmente, acaba reproduciéndose en forma de plataforma de comunicación independiente, la cual engloba el primer periódico digital de la ciudad y la primera emisora de radio y TV capaz de emitir en streaming.

Cuando otros esperaban que alguien les ayudara, que alguien les devolviera el puesto de trabajo perdido, él decidió crear la solución, divirtiéndose, haciendo lo que más amaba, porque no hay mayor felicidad que dedicarte a aquello para lo que has venido a ser. Fueron muchos los que encontraron en esta empresa, en casa, lo que habían perdido fuera, la oportunidad de volver a ser aquello para lo que habían sido llamados.

Él es David Gallardo, periodista, editor, emprendedor, creativo y cofundador junto a su socio, Manuel Cazalla, de Xerezmanía, empresa de comunicación independiente, no politizada, plural y cosmopolita. Y lo más importante, David sigue disfrutando de su pasión, soñando que su profesión puede mejorar el mundo.

"Si descubres que algo no te gusta, antes de quejarte, pregúntate, ¿y yo, qué he hecho para solucionarlo?".

David Gallardo

CAPÍTULO 4...

¿Y si algún día descubres que fuiste tú el que te impidió conseguirlo?...

"Los que dicen que es imposible no deberían molestar a los que lo están haciendo"

A. Einstein

No dejes que aquellos que no alcanzaron sus metas o los que nunca se atrevieron a soñar te hagan ver que tú tampoco podrás hacerlo. Quizás, ellos un día lo intentaron, pero no les funcionó o, más probablemente, ni siquiera se atrevieron a intentarlo. Tú sigue adelante, nada es imposible si tienes un propósito y lo persigues con el convencimiento de que podrás alcanzarlo. Esos mismos que un día afirmaron que estabas loco, que no merecía la pena o que eso no se podría hacer, volverán y dirán que ellos ya te lo dijeron, que sabían que era una buena opción y que siempre confiaron en ti... Déjalos, están jugando su partida desde el desconocimiento, desde su zona de confort y desde ahí nadie consiguió nunca nada. Nadie que no se haya atrevido a salir de esa zona cómoda, de confianza, a jugar la partida arriesgando esfuerzo, tiempo e incluso dinero, ha logrado alcanzar grandes sueños. Ellos permanecen al otro lado de aquella caverna que ya hace más de mil años nos describió Platón, en el lado de las sombras, sin plantearse jamás qué habrá allá, donde brilla la luz.

Cree en ti, has venido aquí para brillar, así que no permitas que nada ni nadie te impida mirar hacia la luz que te llevará a tus sueños, a aquello que deseas. Cuando comiences a ascender en dirección a tus metas ya no habrá marcha atrás, pero recuerda, hazlo no desde el egoísmo y los intereses puramente personales, sino desde el sentimiento de servicio y ayuda a otros. Descubrirás así que, cuando una puerta se cierra, surgen otras que te llevarán a lugares que probablemente no pensabas alcanzar, que quizás sean incluso mejores que aquel adonde te dirigías.

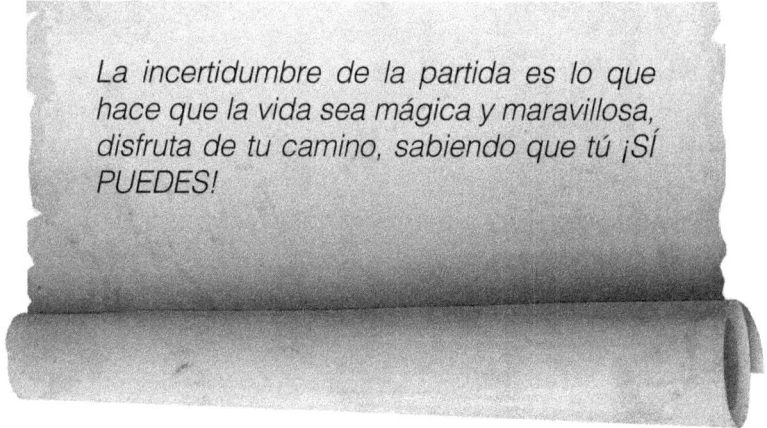

La incertidumbre de la partida es lo que hace que la vida sea mágica y maravillosa, disfruta de tu camino, sabiendo que tú ¡SÍ PUEDES!

La vida de Toni…

—En mi camino me he encontrado mucha gente de ese tipo que describe papá en la carta. Personas que, sin conocerme, se atrevían a catalogarme y decidir qué debía o podía hacer, y lo peor de todo es que en muchas ocasiones les hice caso y me conformé con aquello que me decían, cumplí con su profecía, porque no hice nada para evitarlo.

»Como sabes, me encanta el dibujo artístico, es una de mis pasiones, pero en los primeros años de instituto en Madrid hubo un profesor que me hizo la vida imposible hasta llegar a hacerme ver que yo no podría dedicarme a la pintura, y sin darme cuenta, lo consiguió. Grabó en mi mente con tal fuerza ese mensaje que apagó mi pasión y llegó incluso a sacarme de clase y acercarme a lugares donde, aunque podía expresar mi arte, el precio que debía pagar era muy elevado.

»Comenzaba en aquel instituto nuevo y mi enfado con el mundo se iba haciendo cada vez más fuerte. Me mantuve casi un mes prácticamente sin hablar con nadie, sin mantener ninguna relación con mis compañeros. En clase me limitaba a escuchar al profesor y, mientras otros cogían apuntes o hacían ejercicios, yo dibujaba… Pero esto no duró mucho, paradójicamente fue mi profesor de plástica quien me obligó a dejar de hacerlo.

»Él era mi tutor y, un día, decidió usar la mejor de sus estrategias para hacerme ver que me estaba equivocando.

»Se acercó a mi mesa, cogió mi dibujo y me pidió que me levantara al tiempo que mostraba a mis compañeros aquel dibujo que había comenzado en la clase anterior. Intentaba hacernos ver que mi actitud en clase no era la correcta y que él sabía cómo podía hacerme cambiar…

Nada más lejos de la realidad. Yo era consciente de que mi comportamiento no era el correcto, que mis dibujos no me darían el aprobado, pero lo que él no sabía es que yo, en aquel momento, lo que menos necesitaba era una buena calificación, un sobresaliente en la esquina de un folio para mí significaba lo mismo que un insuficiente, ninguno de los dos tenían valor, porque yo realmente lo que necesitaba era una familia, aquello que acababa de perder, lo que ni aquel instituto ni sus profesores podrían darme jamás.

»Qué sentido tenía para mí un suspenso o un aprobado cuando mi vida acababa de perder todo el significado que tenía; todas mis esperanzas e ilusiones habían quedado en Sitges. Aquel Toni que permanecía de pie junto a ese desconocido profesor nada tenía que ver con el que era y nada tenía que ver con el que sería...

» "Miren lo que está haciendo su compañero en cada una de las clases". Levantó el folio con mi dibujo aún a medio hacer y lo mostró con aires de superioridad a toda la clase. "¿Creen que esto es forma de pasar las horas? ¿Piensan que es así como se puede aprobar el curso?".

»Mis compañeros no hablaban, algunos negaban con la cabeza, otros continuaban con sus tareas, pero la mayoría dirigían sus miradas hacia mí, hacia aquel chico nuevo del que ni siquiera conocían su timbre de voz. Todos sabían lo mal que se pasaba desde mi posición; ninguno sabía que eso a mí no me importaba.

»Durante aproximadamente un par de meses, lo que quedaba de aquel primer trimestre lejos de casa, dejé de dibujar. Pero al regreso de las vacaciones, Toni se había convertido en el típico alumno al que le daba igual aprobar que suspender, nada tenía que ganar y mucho menos que perder... Así que volví a coger el lápiz y, de nuevo, el dibujo artístico se convirtió en mi única asignatura. Y aunque ya mi sueño estaba apagado, sabía que cada

133

uno de los dibujos que hacía, los hacía para evadirme de la realidad de las clases, de mi propia vida que ya, más que nunca, había dejado de tener sentido.

»Se forjó de esta manera en mi mente la idea de que aquella actividad, aquella forma de expresar lo que sentía, me haría perder en la vida, y asocié el dibujo con un gran sentimiento de odio, de rencor y de fracaso, de tal manera que solo cuando dejara de dibujar mi vida comenzaría a mejorar.

»La asociación dibujo = derrota estaba hecha, jamás nadie me demostró lo contrario, así me lo hizo ver aquel profesor y así quedó grabado en mi subconsciente, donde siempre ha permanecido y aún hoy permanece.

La vida de Ángel...

—En mi vida ha habido muchos momentos donde continuar adelante o tirar la toalla fue simplemente cuestión de confianza, de creer en mí y en aquello que estaba haciendo. Tuve experiencias donde la mejor decisión hubiera sido otra muy distinta a la que finalmente me planteé, y descubrí que, en ocasiones, la mejor opción para muchos no es más que aquella que ellos pueden ver, porque viven en una realidad muy simple que jamás les ha permitido mirar más allá de sus creencias, de sus limitantes y, al igual que aquella fábula de la caverna de Platón que mamá y papá mencionan en la carta, ellos viven al otro lado del muro...

»Yo tuve la suerte de tener al lado a Tía Lui, que un día, tras enfrentarme a una de las situaciones más duras que la vida te puede plantear y ver mi vida abocada al fracaso sintiendo cómo mis sueños se perdían sin posibilidad alguna de solución, me explicó este mito de la caverna que yo había pasado por alto en la lectura de la carta.

»En esta historia narrada por Platón, un grupo de hombres permanecen encadenados en una cueva donde solo se les permite ver las sombras que reflejan en la pared una serie de marionetas que otros mueven al otro lado del muro donde ellos viven encadenados. Estas sombras se reflejan gracias a la luz de un fuego que existe en la entrada de la caverna, pero que estos hombres desconocen porque jamás pudieron ver al otro lado del muro. Además, tampoco saben que existe el sol y otra vida fuera de la cueva, ya que jamás vivieron otra realidad distinta a la que conocen allí, al otro lado del muro, donde tienen todas sus necesidades cubiertas mientras se les muestran imágenes y representaciones que les distraen y les hacen, a lo sumo, discutir acerca de su significado.

»Pero si algún día alguno de ellos fuera liberado y se le permitiera ver la realidad del otro lado del muro, sería mejor que no volviera a la cueva, ya que aquellos que cómodamente continúan encadenados no querrían conocer esa realidad, llegarían incluso a burlarse de él, porque sus creencias, tan fuertemente arraigadas, les impedirían creer en otra idea distinta a la que su experiencia de vida les ha mostrado, sería inaceptable, pensarían que la luz le ha cegado y le acusarían de loco.

»Por desgracia, hoy en día aún hay muchos que no son capaces de ver más allá de las sombras y continúan conformándose con esa vida, que, aun siendo complicada, resulta cómoda, porque es la que conocemos, la misma que diariamente nos venden desde el otro lado del sofá, y me quedo con una frase que me encantaba de Tía Lui... **Son pocos los que deciden apagar la tele, levantarse del sofá y salir a buscar la vida de sus sueños.**

»Yo me tuve que plantear un futuro muy distinto cuando perdí la pierna. El deporte ya no sería una salida, me decían todos, incluido los mejores doctores que me ayudaron en mi recuperación, pero ellos no sabían que, si realmente te conviertes en aquello que quieres ser, si realmente decides lo que quieres y sales a buscarlo como si las posibilidades de fracaso no existieran, te conviertes en imparable. Y esa fue mi decisión: había nacido para el deporte y aún tenía esa llama dentro de mí. Además, por suerte, ya había otros muchos que lo habían logrado antes que yo, ni siquiera debía ser el primero en conseguirlo, simplemente era cuestión de fe, confianza y esfuerzo continuo, y de todo eso consiguió llenarme Tía Lui junto a otros amigos que me acompañaron en mi viaje y a los que espero poder presentarte conforme te narre algo más de mi vida.

»Pero todo no fueron apoyos y ánimos. También encontré personas que aparecen como destructores de sueños, personas que van por la vida presumiendo de ser realistas y de tener los pies en el suelo, cuando realmente lo que ven cada mañana al mirarse al espejo son vidas apagadas sin ilusiones que les hagan vibrar por la emoción de alcanzar grandes logros. Piensan que los sueños están solo disponibles para aquellos que viven otra realidad, para los que tienen muchas oportunidades, cuando realmente son muy pocos los que alcanzan grandes metas gracias a las circunstancias que les rodean.

»La realidad es otra: la realidad es que aquellos que logran destacar consiguiendo objetivos elevados comenzaron con un sueño, en ocasiones tan complicado y alejado de su realidad como lo estaría para cualquier otra persona, pero ellos simplemente se atrevieron a soñar, lo crearon en su mente y, como has podido ver, es así como comienza todo, con la creación mental de tu realidad futura, no hay más, es así, ¿te atreves a descubrirlo?...

Enseñanzas de La Carta...

"CUANDO UNA PUERTA DE FELICIDAD SE CIERRA, OTRA SE ABRE, PERO MUCHAS VECES MIRAMOS TANTO TIEMPO LA PUERTA CERRADA QUE NO VEMOS LA QUE SE HA ABIERTO ANTE NOSOTROS".

Helen Keller

Jack Canfield narra la historia de un joven estudiante, hijo de un domador de caballos ambulante, que no brillaba por sus notas académicas, ya que, debido al trabajo de su padre, eran muchas las faltas a clase que acumulaba. Sin embargo, era un gran soñador y un día en una de sus redacciones escritas lo demostró.

El profesor les había pedido que escribieran aquellos sueños que les gustaría hacer realidad cuando fuesen mayores, y él dejó volar su imaginación...

Escribió una redacción de siete folios donde describía perfectamente cómo dirigía un rancho de caballos, con zona de entrenamientos, cuadras y una gran casa donde vivirían él y su familia. Incluyó planos, aclaraciones y una descripción detallada de cada una de las zonas, con la intención de alcanzar la máxima nota en la actividad.

Pero al recibir de vuelta su redacción ya evaluada, la nota era de solo un 1.

Al hablar con el profesor este le dijo que su redacción no estaba nada bien, puesto que estaba demasiado alejada de su realidad, que debería realizar modificaciones de cara a que fuese algo relacionado con sus posibilidades, puesto que apenas asistía a clases y que era simplemente el hijo de un domador de caballos de pueblo.

El chico recogió su redacción y la llevó a casa. Al volverla a leer consultó a su padre sobre qué podría hacer, y este le recordó que lo que tenía que redactar era su sueño, por lo que solo él podría expresarlo tal y como lo sentía.

De esta forma unos días después, cuando pudo volver a clase, llevó su nueva redacción, que realmente era la misma, no había modificado ni una sola coma, y así la entregó…

—Pero esta redacción es exactamente la misma que ya te corregí —le dijo el profesor algo malhumorado por la falta de interés del chico.

La respuesta del chico dejó sin palabras al profesor:

—Deje la nota como está, yo también mantendré mi sueño.

Por suerte este joven no se dejó influenciar por los comentarios destructores de su profesor, el cual, años después, visitando una granja con un grupo de alumnos, descubrió que quien les recibía era aquel chico de sueños imposibles que ya era un hombre y, además, era el propietario de aquel rancho.

"SER UNO MISMO EN UN MUNDO QUE CONSTANTEMENTE TRATA QUE NO LO SEAS ES EL MAYOR DE LOS LOGROS".

Ralph Waldo Emerson

"No dejes que nadie te diga que no lo vas a poder lograr, cuando te dicen eso, no hablan de ti, hablan de ellos".

Laín García Calvo

Una historia de éxito...

De su abuelo no solo heredó el apellido, también el amor por los caballos. Con tan solo ocho años comenzó a demostrar a todos dónde estaba su pasión, ya que no paró de insistir hasta que lo apuntaron a clases de equitación.

Había nacido en una esquina del planeta donde, por suerte, el caballo era mucho más que un animal de carga. Y a menos de diez minutos de su casa, un centro de equitación lo convirtió en uno de sus mejores estudiantes, esa era su verdadera escuela.

—No me gusta el colegio —decía a sus padres y a sus profesores—, ni de matemáticas ni en inglés voy a hablarle a los caballos, ahí tengo poco que aprender. —Y con tan solo diez años pasaba las tardes entre caballos, limpiando, ayudando en la cuadra, con la ilusión de montar durante más tiempo que el resto de compañeros de clase. Era allí donde él quería aprender. Allí, aquel niño, inquieto, travieso y de malas calificaciones, se convertía en el alumno modelo, de matrícula de honor, en el preferido por los profesores... Y esto pronto le trajo resultados.

Campeón en pruebas de salto. Sabía hablarles a los caballos, se hacía uno con ellos, pero él no soñaba con esta prueba, sus aspiraciones estaban más allá de su ciudad, su verdadera pasión, la que su madre siempre quiso ocultarle, estaba en las carreras, en la velocidad. Y pronto marchó a buscarla.

Se fue a la capital donde competían los grandes profesionales, donde otros jinetes podrían enseñarle lo que él buscaba, y allí continuó aprendiendo. Pasaba horas observando a los mejores, estudiando sus técnicas, sus estilos y no solo lo hacía desde la grada y durante los entrenamientos, en la propia competición, su mirada, más allá de la meta, estaba en el campeón, en el jockey que ganaba. Él aún no montaba caballos ganadores, pero sí aquellos que le permitían estar entre los mejores maestros, él era un aprendiz, lo sabía, pero también sabía que algún día dejaría de serlo, ahora tocaba aprender.

—¿Por qué me miras durante la carrera, chico? ¡Es un peligro!

—Lo sé, pero quiero aprender de ti, eres el número uno.

Y así se ganó a su primer mentor. Tenía quince años, su carrera acababa de empezar y ya algo le decía que solo sería feliz cuando estuviera entre los más grandes.

Pero como él ya sabía, cruzar la meta en primer lugar no es nada fácil, el camino del éxito nunca está bien asfaltado, ni es el más ancho, y en este deporte, él único donde una ambulancia acompaña a los deportistas desde muy de cerca durante la prueba, el gran peligro son las caídas. Ellas son las que retiran a los jinetes, algunos caen y no se recuperan, otros, a su regreso, descubren que ya no galopan solos, que el miedo ya siempre los acompaña y que este es el mayor de los frenos en la vida del ser humano.

A él vino a visitarlo la peor de las caídas. Su caballo casi acaba con su vida, le partió varias costillas y el hígado. Algunos lo daban por muerto, otros pensaron que de salvarse jamás volvería a montar, sería otra estrella fugaz, como tantas había visto pasar el mundo de las carreras de caballo.

Pero él no murió aquella tarde, y al recuperar la consciencia dejó claro a qué había venido a este mundo:

—Doctor, si no voy a poder volver a montar, déjeme morir.

Dos meses y medio después, abandonaba el hospital con una sola idea en mente, volver y ser el mejor.

Y se plantea hacerlo en el lugar donde están los mejores, en el país donde las carreras de caballo son mucho más que un deporte, el país de los soñadores, el país de los sueños, y el suyo, grabado a fuego en su corazón, le impulsa a viajar, a comenzar de cero en un lugar donde nadie lo conoce, donde miles de jinetes se afanan por lograr tan solo una oportunidad.

Y con veintiún años llega a EE. UU., acompañado de una pequeña maleta, cargada de determinación, energía y talento, pero muy poco dinero y ningún contacto importante. Esto hace que pronto se estrelle con la realidad. Él no era nadie, no tenía escuela, su técnica era europea, muy distinta a la estadounidense, no conocía el idioma, no tenía dinero… El precio que pagar llegó a ser mucho más alto de lo que había imaginado. Estaba solo en un país extraño. Pasó hambre, durmió en el suelo y se rieron de él cuando, siendo un simple mozo de cuadra, trabajaba solo a cambio de que le permitiesen montar a los peores caballos, aquellos que nadie quería.

Se rieron de él, sí, de su estilo, de sus caballos, y sufrió. Sufrió mucho, más de lo que había imaginado, pero lo que ellos no sabían es que gracias a todas esas risas, a aquellos momentos tan duros, se fue forjando en él el espíritu de un ganador insaciable, de un luchador, al que nadie regaló nada, al que tanto sembró en el lado del esfuerzo, la entrega y la pasión, que la vida no tuvo más remedio que equilibrar la balanza, ofreciéndole una entrenadora que se fijara en él, que le abrió la puerta del éxito.

Para aprovechar esta oportunidad hizo lo que nadie había hecho hasta entonces, se construyó un caballo de madera donde poder trabajar la técnica que le faltaba, donde seguir entrenando cuando el resto ya se había marchado, donde seguir soñando…

Y por fin llegó su primera gran carrera, la oportunidad por la que tanto había luchado… Se abrió el cajón, inició la competición como uno más entre los doce jinetes que empujaban a sus caballos, pero al llegar a meta demostró que él no era uno más. Comenzaba ahí el principio de un sueño…

Él es Antonio Gallardo, el jockey español que ha triunfado en EE. UU., convirtiéndose en todo un ídolo. Ha logrado lo que parecía inalcanzable en el país de las carreras de caballos, ganar más de 1.500 competiciones, siete estadísticas en dos de los hipódromos más importantes de país y una carrera del Grupo 1, donde solo compiten los mejores jinetes del mundo.

El sueño americano tiene nombre, y se llama Antonio Gallardo.

"Si Diosito me guardó de esa caída, es porque algo bueno me iba a pasar, y ya me está pasando".

Querer, es poder

Antonio Gallardo

CAPÍTULO 5

El dinero no lo es todo, ni todo es el dinero...

"Habitualmente, cuanto más dinero ganas, más dinero gastas. Es por eso que más dinero no te hará rico".

Robert Kiyosaki

En relación con la abundancia y una vida plena, está el dinero. Debes llevarte bien con él, no le temas, no lo odies, no lo critiques, porque al igual que ninguna mujer que se sienta traicionada, criticada o temida querría estar a tu lado, si hablas y te relacionas con el dinero de esta forma, él siempre se te escurrirá de las manos. El dinero, al contrario de lo que muchos piensan, no cambia a las personas, no te hace cruel o déspota...

El dinero, simplemente, destapa lo que realmente las personas son y siempre han sido...

Es verdad que no te dará la felicidad, pero tampoco la pobreza te la dará y lo que sí te aseguro es que, si procuras una vida de abundancia y generosidad, dejarás de ser parte del problema para pasar a ser parte de la solución...

De todos modos, aquí no te voy a escribir mucho, solo adelantarte que, como me enseñó Robert Kiyosaki, "el dinero es una idea", y en esta carta es lo que más te estoy repitiendo, que todo está en la mente y en tu corazón, todo depende de tu percepción de abundancia y sentido de prosperidad, y en cuanto a las reglas que rigen el juego del dinero dentro del gran juego de la vida, te pediría que leyeras un pequeño librito: El hombre más rico de Babilonia, *puede ser un gran comienzo.*

La vida de Toni...

—Cuando me divorcié, ya te he contado que no solo lo hice de mi mujer, sino que con ella me separé también de mi trabajo, dado que me sentí tan frustrado y decepcionado por todos que no fui capaz de volver a aquel edificio, cargado de extraños y vacío de sentimientos. Decidí entonces hacerme valer por mí mismo, y dada la alta autoestima que siempre me ha acompañado, decidí que sería mi propio jefe y que comenzaría a trabajar en solitario, sería un *freelance* que ofrecería mi talento al mejor postor. Y fue así como comencé a ganar dinero, mucho más del que hasta ese momento había conseguido, y el dinero me trajo nuevas relaciones, nuevas oportunidades, un nuevo mundo para mí, que nuevamente explotó entre mis manos...

»En mi trabajo como autónomo me especialicé en campañas publicitarias, donde mensajes cortos junto a un fuerte impacto visual causaban un gran éxito entre los consumidores, así que solo hicieron falta un par de trabajos para que mi caché subiera como la espuma.

»Comenzaron a llegarme ofertas tan variadas y numerosas que tuve que contratar a un asesor que seleccionara y pusiera un poco de orden a todo el trabajo que se me acumulaba. Llegó a mi vida de esta forma uno de los amigos más grandes que he tenido, Nick, un atractivo holandés que pasó de contratarme para su empresa a controlar la mía prácticamente en su totalidad.

»Nick era un tipo encantador, tenía el don de gente que a mí me faltaba, por lo que ambos formábamos un equipo perfecto. Él vendía mi trabajo de la mejor manera que nadie podría hacerlo y yo ofrecía un servicio que tampoco nadie en el mercado podía igualar.

»Fueron unos años maravillosos, muchas de mis campañas dieron la vuelta al mundo, quizás conozcas alguna, te las mostraré y te sorprenderá descubrir que fue tu hermano quien las diseñó. Mi imagen era esa, la de mis *spots*, porque, tras ellos, en pocas ocasiones aparecía mi nombre y nunca la imagen del autor. Yo decidí no hacerlo, no hacer mi imagen pública, y en mi lugar era Nick quien con su eterna sonrisa y su don de palabra aparecía en todas nuestras entrevistas o reuniones comerciales.

»Gracias a Nick y nuestros continuos viajes conocí las grandes ciudades del mundo, encontré trabajo donde nunca imaginé: Londres, París, Buenos Aires, Nueva York... Y aprendí inglés casi sin darme cuenta, durante los traslados y esperas de aeropuerto. Mis charlas con Nick fueron cambiando de idioma y esto nos animó a permanecer cada vez más tiempo en el extranjero.

»Una ciudad que me encantó fue Ámsterdam. Allí no vivíamos en un hotel, puesto que era donde había crecido mi socio. Allí vivíamos en el coqueto apartamento que Nick tenía en pleno centro, junto a los bellos canales... cerca de su familia, importante para él... cerca de los *coffee shops*, importante para mí.

»Me sorprendí una mañana despertando junto a dos mujeres atractivas tras una noche de alcohol y drogas. No podía recordar cómo había acabado allí, pero la imagen me cautivó y ya no quise regresar a España.

»Volví a ser el Toni que en aquel edificio abandonado buscó calor en las drogas y todo lo que a ella le rodeaba, pero esta vez el edificio era un apartamento de lujo y, mi pandilla, gente a la que le gustaba gastar el dinero en cosas que no necesitaban para impresionar a otros a los que no les importaba.

»El poder relacionarme con las drogas de una manera legal fue con lo que me sedujo esta pequeña ciudad y desde allí continué mi trabajo. El negocio nos hacía acumular tanto dinero que yo nunca supe administrarlo, pero tampoco me importaba, ya que mientras estuviera Nick todo marchaba con orden, mi cartera estaba llena y mi cuenta corriente también...

»Tuve tanto que decidimos ampliar nuestra actividad empresarial e invertimos en lo que más nos gustaba, los *pubs* nocturnos. Pensábamos que eran fáciles de gestionar, ya que el mundo de la noche y las copas se vendían solos, siempre habían existido y siempre existirían, y Madrid era una gran capital para este mundillo... Pero no sabíamos que esa no era la única exigencia para los negocios, y fue aquí en nuestra red de *pubs* nocturnos donde empezó la caída...

»En menos de un año teníamos en Madrid tres Tonnick's que funcionaban al máximo rendimiento gracias a nuestra inversión y a la red de contactos que habíamos conseguido en estos años.

»Nos encantaba ir a Madrid para pasar las noches en alguno los *pubs* donde las copas eran gratis, pero echábamos de menos esta posibilidad cerca de casa, en Ámsterdam, así que organizamos lo necesario para una nueva apertura. Cerca del Barrio Rojo, el primer Tonnick's Coffee Shop abrió sus puertas y, con él, vino el derrumbe de todo lo que habíamos conseguido.

»La noche de la apertura la policía llegó al local y nos solicitó toda clase de documentación que yo por supuesto desconocía que deberíamos haber tenido, y lo peor de todo, Nick también había delegado esta parte del negocio en uno de sus amigos de la ciudad y este no supo responder a la policía, ninguna explicación fue suficiente, el dinero no lo era todo y fue esa noche cuando lo descubrí...

»Desalojamos el local, pero la música siguió sonando, nos fuimos a un hotel cercano y allí, sin importarnos nada, continuó la fiesta... El precio de la juerga de esa noche fue mucho más alto del que habíamos imaginado.

»El cierre del Tonnick's de Ámsterdam sonó en Madrid muy fuerte para otros *pubs* de la competencia y pronto sufrimos toda clase de denuncias, inspecciones y requerimientos que nos llevaron al cierre progresivo de cada uno de los locales. Yo no daba crédito, Nick no daba respuestas.

»A cada una de mis preguntas él respondía con explicaciones que, o yo no llegaba a entender, o sabía que no eran ciertas; descubrí que todo había sido un engaño.

»Una mañana Nick desapareció para siempre, su teléfono, apagado o fuera de cobertura, su nombre, en ningún documento de la empresa.

»Por consejo de la chica que en aquel entonces más tiempo estaba a mi lado, aunque ambos sabíamos que jamás llegaríamos al altar, pedí ayuda a un gabinete jurídico que me hizo ver que el cierre de los locales era solo la punta del iceberg.

»Estaba en la ruina, las deudas con proveedores, propietarios de locales y hacienda triplicaban el dinero que en aquel momento tenía en mi cuenta.

»Volví a verme como aquel Toni de años atrás, vacío, sin nada, sin nadie con quien consolarse, solo de nuevo... y mi odio tuvo un nombre: Nick.

La vida de Ángel...

"Todo lo que nos molesta en los demás nos puede conducir a la comprensión de nosotros mismos".

Carl Jung

—Toni, cometiste tantos errores en tu gestión económica que no sabría por dónde empezar, lo que más llama la atención es que TODO LO HACÍAIS POR INTERESES PERSONALES... Vuestros negocios jamás tuvieron un interés más elevado que el de haceros ricos, no existía preocupación por los clientes ni por los demás, y eso creó un desequilibrio que acabasteis pagando.

»Como has visto, la ley del dar es clave en este proceso de crecimiento económico, puesto que, **si todo tu valor está en el lado de la balanza del recibir, llegará el momento en que, lo quieras o no, actuarán las leyes y la balanza se equilibrará,** y como nada das, nada recibirás... Fue esa una de las cosas que os pasó entre otras que ahora descubrirás...

»Al principio os centrasteis en el trabajo y el servicio al cliente y eso fue bueno, dabas un gran servicio que en la balanza era recompensado con tus ganancias, pero pronto la avaricia y el interés por el dinero os hizo pasar a crear un NEGOCIO QUE NO CONOCÍAIS, DONDE NO PONÍAIS PASIÓN, y ese es uno de los errores más comunes en la creación de negocios... Por esto existe un porcentaje tan alto de fracaso en la creación de pequeñas empresas, y es que debes conocer muy bien el mundo del negocio que intentas crear, y aún más importante, debes SENTIR PASIÓN por él. Estas dos claves son la base del éxito de toda empresa que se mantiene en el tiempo y destaca sobre otras.

»Además descuidaste tus dos negocios, en ninguno de los dos te preocupaste de la gestión, pusiste en manos de otros la **gestión económica y legal,** no puedes culpar a nadie, esta **era tu responsabilidad y no quisiste asumirla.** Quizás te sientas engañado, ¿pero te has parado a pensar que probablemente Nick no sabía hacerlo mejor que tú? Quizás él lo hiciera lo mejor que supo, pero como nunca te paraste a comprobar si sabía o no, cuando viniste a descubrirlo ya fue tarde.

»Por desgracia, yo tuve que darme cuenta del éxito de mi negocio a raíz del suceso más trágico que me ha entregado la vida, me mantuve apartado de él durante casi un año, y a la vuelta, todo seguía estando como lo dejé, esperando mi regreso, pero con una maquinaria a pleno rendimiento que había sido capaz de mantenerse en marcha aun cuando quien la había creado no estaba para controlarla.

»Me dedico al *coaching*, una profesión que me apasiona y cuyo objetivo último no es más que ayudar a otros a fijar y alcanzar metas. Comencé en el ámbito deportivo, pero poco a poco me he ido centrando cada vez más en el *coaching* de equipos y empresarial. En aquella época en que creé mi primera empresa llegué a trabajar con los mejores, alcancé objetivos que ni en mis mejores sueños imaginé hacer realidad, pero de nuevo mi partida vino a sorprenderme con una mala tirada de dados y esta vez el cáncer se llevó una vida por delante, se llevó la mitad de mí. Siempre digo cuando hablo de esto que el cáncer me robó una pierna y media vida y que no me queda más que agradecer y disfrutar de esta otra mitad que me ha dejado.

»Desde aquella primera cita en el cine que ya te he contado, María se convirtió en el amor de mi vida y por suerte yo pasé a ser el suyo también. No podía imaginarme que, tal como me contó meses después, aquel día en que nos vimos en la habitación de Lucas ella también sintió lo mismo por mí, reímos muchas veces recordando aquella imagen mía en la puerta de la habitación, vestido de pirata, paralizado y mudo como un maniquí de tienda de disfraces.

»Se convirtió en mi máximo apoyo en aquellos años en que mi carrera comenzaba a despegar y me hacía un hueco en el mundo deportivo pese a todos los perjuicios que tenía debido a mi minusvalía. Ella era mi socia en esta primera empresa que creé de la nada, de la ilusión de ayudar a los demás, de mi pasión. Juntos aprendimos a gestionar un equipo de colaboradores que poco a poco fue creciendo hasta llegar a ser setenta personas las que asesorábamos y dábamos servicio a más de treinta equipos deportivos de toda Europa.

»No fue nada fácil llegar hasta ahí, fueron muchas las caídas y las dificultades que tuvimos que superar, pero una buena estrategia económica y de gestión de equipo nos permitió alcanzar el éxito en mucho menos tiempo de lo que planeamos.

»Fueron aquellos los mejores años de mi vida, pese a que eran muchas las horas que pasaba fuera de casa debido a mis compromisos laborales. Al ser estos parte de mi propósito de vida, cada viaje se convertía en un momento de crecimiento y disfrute de mi pasión. Además, la presencia de María en algunos de ellos y el amor que ambos nos teníamos hacía que viviésemos una vida en plenitud donde todo parecía ser tal y como planeábamos, todo llegaba a nuestra vida para impulsarnos... Hasta que la enfermedad nos sacó del juego en una sola tirada.

»Un pequeño bulto bajo uno de sus brazos hizo saltar las alarmas. Yo no le di importancia, pero a ella comenzó a preocuparle y decidió hacerse algunas pruebas. Desde este primer momento, así como durante gran parte del proceso, me mantuve incrédulo, como si nada de lo que nos decían resultase realmente cierto, como si todo aquello no fuese más que una pesadilla que no tardaría en acabar, pero no fue así, y pronto la realidad me haría despertar.

»El diagnóstico fue claro, cáncer de mama metastásico, que significaba que el cáncer ya había salido de la zona localizada en la mama y que había avanzado muy rápidamente... Con este diagnóstico volvía a enfrentarme a mi peor enemigo, esta vez no venía a enfrentarse conmigo, sino aún peor, con la persona que más amaba en el mundo.

»Diez años atrás, esta maldita enfermedad me robó una pierna y ahora venía a robarme la vida, no lo podía permitir. Lo dejé todo y me entregué en cuerpo y alma a María, a acompañarla, ayudarla en cada uno de los duros momentos que nos tocó vivir, a buscar solución donde nadie lo hacía, a soñar que todo era un mal sueño...

»Mi empresa quedó en manos de Robert, uno de los mejores *coaches* que había conseguido formar y que durante dos años estuvo trabajando codo a codo conmigo en cada uno de los proyectos que sacamos adelante. Realmente, en aquellos momentos, no me hubiera importado perder todo lo que tenía, todo por lo que tanto habíamos luchado, a cambio de la recuperación de María. Pero no fue así, el trato no fue posible, pese a que yo lo entregué todo por estar a su lado y disfrutar junto a ella los mejores momentos que la vida nos diera la oportunidad de vivir. Es curioso cómo, si así lo deseas, el tiempo es capaz de borrar de tu mente los tragos más duros y dejar en tu recuerdo solo aquellos momentos de alegría y felicidad, ya que hoy, más de diez años después, aún cierro los ojos y sonrío al recordar algunos de los momentos más hermosos que me brindó la vida en aquel año tan duro...

»Una noche conseguí que un futbolista con el que había trabajado meses atrás y que me estaba sumamente agradecido nos cediera uno de sus caprichos, un gran yate, Casiopea, de los mejores barcos y de mayor eslora que aquel verano atracaban en el puerto de Sitges, y en él, a modo de hotel flotante, pasamos una de las noches más hermosas que pudimos compartir. No solo cenamos a la luz de la luna, también reímos a carcajadas como siempre ella era capaz de provocar, hicimos el amor con la pasión de la primera vez, fuimos dos almas gemelas que se funden en un abrazo eterno... Esa noche no echamos de menos mi pierna, ni sus pechos, ni su cabello, esa noche no fuimos cuerpos, fuimos almas encontradas, almas que jamás podrían ser separadas... y entre risas y alguna que otra lágrima que no pude reprimir, logré convencerla para que me afeitara la cabeza y poder así compartir con ella la comodidad de no tener que peinarme cada día, la comodidad que yo también hace años había sufrido. Y fue así como, a la mañana siguiente, bajé de aquel barco siendo nuevamente el pirata de pañuelo, parche y pata de palo que había sido el día en que nos conocimos.

»Su enfermedad fue muy agresiva, nos sobrevino de manera muy rápida sin dejarnos tiempo para reaccionar, solo nuestro amor y su espíritu alegre y optimista era capaz de pararla por momentos, y fue en uno de ellos donde nos prometimos amor eterno...

»En muy pocas ocasiones habíamos hablado de matrimonio antes de que llegara la cuenta atrás, nuestra juventud nos hacía sentir seres eternos, no teníamos prisa, ni por casarnos, ni por formar una familia, pero ya todo había cambiado... Alguna de aquellas veces en las que habíamos hablado de casarnos, coincidimos en que lo haríamos en la playa, junto al mar y, si fuese posible, en nuestra cala, La playa de la Marina, en nuestra ciudad natal, aquella cala por donde tanto habíamos paseado, en la que tantas noches compartimos nuestro amor, y así lo hicimos... Fue el día de su cumpleaños, donde prácticamente se obró un milagro.

»Habíamos pasado dos de las semanas más duras hasta entonces, ya que los efectos de la quimioterapia estaban haciendo estragos en su cuerpo y, pese a todo, nada podía hacer para evitar el avance de la enfermedad, los resultados de analíticas y pruebas así lo confirmaban. No obstante, decidí planearlo todo para el día de su cumpleaños, tres semanas después, no tenía muchas más opciones, y, mucho menos, tiempo.

»Soñé con que podría acompañarme andando hasta el altar, que podría disfrutar de uno de los días más felices de su vida, que sería la novia más hermosa que jamás había visto... Soñé que nuestro amor sería eterno, que tendríamos toda una vida por delante... y casi todos mis sueños se hicieron realidad, aquel día de su treinta y tres cumpleaños.

»Tía Lui se encargó de organizar la boda más hermosa que puedas imaginar. No sé cómo lo hizo, pero pareció que toda la playa estaba llena de invitados, que todo lo que ese día sucedía en la cala era en torno a nuestro enlace, y cuando el coche nos dejó sobre la cala, los dos sonreímos al volver a comprobar que los sueños pueden hacerse realidad.

»Conseguí el permiso de su médico para poder salir aquel día tan especial y llevarla de una sorpresa a otra antes de llegar a la cala. Había habido una mejoría notable en los últimos días, volvía a ser María de nuevo, mi María... aquella joven risueña y divertida regresaba bajo un rostro muy distinto al que fue, pero que jamás dejó de enamorarme, que jamás dejó de brillar para mi corazón.

—¿Adónde vamos, Ángel? —me preguntó sorprendida, ya que hacía mucho que no salíamos del hospital y yo nada le había adelantado.

—Es tu cumpleaños, no pensarás que lo íbamos a celebrar aquí.

»Ella no quería que nos casáramos, ya se lo había propuesto en varias ocasiones y siempre me había dicho que no, que lo haría cuando todo hubiera acabado, cuando se recuperase, y siempre repetía la misma broma: "No podría dejar aquí a un viudo tan guapo como tú". Pero yo sabía que uno de sus sueños de juventud era pisar la playa descalza vestida de novia y que el tiempo corría en nuestra contra, la vida nos había dado un plazo muy breve para cumplir sueños... y ese era uno de los que podríamos hacer realidad.

»La primera parada fue en casa de Lucas, allí nos estaba esperando vestido elegantemente junto a un bonito Jaguar de los setenta.

—¿Qué es esto, Ángel? ¡Qué guapo está Lucas! ¿Vamos de fiesta?... —María se mostraba sorprendida y como siempre ALEGRE por lo que estaba viviendo.

»Bajamos de nuestro coche y entramos en aquel flamante descapotable que nos ofrecía ese tan familiar chófer privado.

—¿Qué es esto? —preguntó alzando un trozo de suave tela roja que la esperaba sobre su asiento.

—Esto es parte de la sorpresa, estarás un rato sin saber adónde vamos y qué vamos a hacer contigo.

—¡Guau! ¡Genial! Estás loco, ¿sabes? Pero me encanta, ¡vamooos! —gritó tan alegremente como lo hacía siempre, con el mismo punto de simpática locura que siempre la caracterizó.

»Le vendé los ojos y nos dirigimos a una modista amiga de Lui que nos había preparado un traje para la ocasión. El mío, un esmoquin negro que, acompañado de un extravagante pañuelo en la cabeza, me convirtió en el pirata más elegante de la historia. El de ella, un sencillo y refinado traje blanco, sin mangas, sin cola, sin escote, sin velo... pero con la mujer más atractiva en su interior, con la joven que un día me sorprendió en una habitación de hospital, con la chica que me enseñó a estar orgulloso de mi disfraz de pirata y de mi "pata de palo", con la mujer que descubrí lo que era el amor... con la mujer de mi vida, con la que iba a sellar un amor eterno, aun sabiendo que la vida pronto me la quitaría de los brazos... Y mirando su belleza y con la tranquilidad de que ella no podía verme, lloré en silencio...

»Fue ese el único momento del día en que lo hice. Me había prometido que todo serían risas y buenos momentos, y así fue, porque ella, sorprendentemente, y al igual que yo, como si hubiese sido cómplice de mi pacto, tampoco derramó una lágrima aquel día.

»Era tan especial...

»Todos coincidimos en cómo aquel vestido, junto a la alegría que irradiaba, habían hecho posible que volviésemos a ver a la María de hacía un año, a aquella joven atractiva y risueña que, aunque para mí siempre estuvo ahí, para el resto hacía ya mucho que había dejado de serlo...

—Ya puedes ver la primera parte de tu sorpresa de cumpleaños —le dije mientras la acercaba a un gran espejo para que se pudiese ver. Le solté el pañuelo que tapaba sus ojos y, al contrario de lo que esperaba, no derramó una lágrima de alegría o emoción, ni me reprochó nada, solo sonrió, se miró una y otra vez y me abrazó.

—¡Me encanta! ¡Lo sabía! ¡Estás loco! Gracias. —Y sonrió mostrando su sorpresa y agradecimiento a la modista que nos acompañaba en aquel vestidor—. Creo que es el traje de novia más hermoso que he visto nunca, ¡no puedo creer que sea mío! —Y de nuevo me abrazó y me dio un gran beso—. ¡Vamos! ¿Dónde es la boda? No podemos llegar tarde, ¡somos los novios!

»Volvía a ser ella. Hacía tiempo que no se mostraba tan simpática y atrevida como siempre, pero aquel día fue ella de nuevo, aquel día la enfermedad nos dio una tregua, la vida nos hizo el mejor regalo posible, nos llenó de salud y la aprovechamos, la saboreamos como solo a quien le falta puede hacerlo, como quien sabe que puede ser el último día.

»Nos dirigimos de nuevo a nuestro coche, y tras recibir la enhorabuena de Lucas por nuestra elegancia, le tapé los ojos para que no supiera dónde sería la ceremonia hasta que llegásemos; siguiente parada... la boda.

»La Playa de la Marina, "nuestra cala", como siempre la llamábamos, estaba más elegante que nunca, desde nuestra posición podíamos ver cómo el colorido de los bañadores y sombrillas de los veraneantes se mezclaba con los elegantes trajes y tocados de los invitados a la boda. En el centro de la cala, perfectamente ubicada, estaba la zona para la ceremonia y, justo a su espalda, ya en el mar, a menos de cincuenta metros de la orilla, muchos barcos y yates de muy distintos tamaños lucían carteles, banderas y otros adornos que llenaban de luz y alegría aquel momento tan especial.

»Bajamos a la playa y comenzamos a vivir aquel sueño que los dos habíamos imaginado en algún momento, sobre todo a raíz de la enfermedad, pero que ya siempre hacíamos a solas, cada uno en su interior, sin compartir nada, por miedo a no poder hacerlo realidad y llenarnos de dolor. Sin embargo, ambos sabíamos que anhelábamos vivir, y nos dimos cuenta de que aquello lo habíamos preparado los dos, aunque cada uno por su lado, lo habíamos deseado tanto, tan fuertemente, que a la vida no le quedó otra opción que hacerlo realidad…

»El calor de la arena en mi pie me hizo despertar de la emoción y hacerme consciente de lo que estaba viviendo, la miré y me devolvió una sonrisa que iluminó mi alma, apreté su mano y continuamos caminando hacia el lugar de la ceremonia.

»Las caras conocidas se mezclaban con las de extraños que se habían acercado a ver a aquellos dos locos que se atrevían a casarse en medio de una playa en pleno mes de agosto.

»Cuando ya nos acercamos al altar, donde las sillas comenzaban a ser todas iguales y las caras muy familiares, el tacto de la arena de nuestros pies fue cambiado por el del terciopelo de la hermosa alfombra roja que nos dirigía al altar. Ahí, los olores del mar se mezclaron dulcemente con el de las flores frescas que, de manera muy elaborada, parecían estar por todas partes.

»Y entre risas y lágrimas de muchos de los amigos que fueron pasando frente a nosotros, llegó el gran momento donde debíamos darnos el sí quiero…

»Y como todo lo que sucedía a su lado, este gran momento se llenó de magia… Los anillos y el suave tacto de sus manos, el sí quiero en el más absoluto silencio de toda la cala, con el único sonido de fondo de las olas del mar seguido del mayor estruendo creado por los aplausos, los vítores y sirenas de los barcos al darnos nuestro primer beso de casados… Pura magia que sellaba un amor que no se planteaba como eterno, puesto que solo prometimos hasta que la muerte llegara para separarnos, pero ambos, sin hablarnos, sabíamos que nuestro amor sería eterno y que, aún después de la muerte, yo seguiría siendo suyo y ella seguiría siendo el amor de mi vida.

»Lo que sucedió en la cala y tras la ceremonia no fue cosa mía, eso lo había dejado, tal y como Tía Lui me pidió, totalmente en sus manos. Yo no sabía dónde lo celebraríamos, solo le pedí que fuese un sitio original y especial para ambos, y no pudo hacer mejor elección.

»No me había percatado de que, más allá, a unos doscientos metros de la orilla, estaba atracado el gran yate en el que celebramos aquella noche romántica en el puerto. Tras el sí quiero, en lugar de salir de la playa por donde habíamos venido, pequeños barcos y zodiacs engalanados para la ocasión se acercaron a la orilla y nos recogieron a todos entre risas y bromas, ya que tuvimos que mojar nuestros mejores trajes antes de subirnos.

»Poco a poco nos llevaron a todos al Casiopea y de allí ya no volvimos a bajarnos hasta la mañana siguiente…

»Fue la noche de boda más hermosa que jamás pude imaginar, una cálida noche de verano a la luz de las estrellas en alta mar, junto a la mujer de mi vida y mis mejores amigos… La vida nos sonreía nuevamente…

***

»Aunque no fue por mucho tiempo, pocos días después María volvió a tener una gran recaída y desde ahí todo resultó muy rápido…

»De nuevo nos golpeó la realidad, y aquel verano fue el último que pasamos juntos. Una tarde salí del hospital a realizar algunas compras; caminaba tranquilamente sobre las primeras hojas que el otoño hizo caer y la conciencia del paso del tiempo me hizo cambiar el rumbo y volver al hospital junto a María, que pasaba la tarde acompañada de Tía Lui y alguna amiga más.

Sabía que me estaba esperando, sentí que debía llegar a su lado, y no me equivoqué...

»Al entrar al hospital sonó mi móvil, era Lui, no descolgué, a saltos subí los escalones hasta la segunda planta sin saber cómo, y al llegar a la habitación pude ver en sus rostros lo que sucedía... María tenía los ojos cerrados y respiraba muy rápidamente, agarré su mano, y aunque parecía que no podía escucharme, le dije que estaba allí, como siempre, a su lado, que quedara tranquila... La besé, y entonces fue ella quien marchó, despidiéndose con un último suspiro... a mi lado, de mi mano... se marchó para siempre...

»No sé cuánto tiempo más permanecí así apretando su mano, llorando sobre su pecho... pero ella ya no estaba allí...

»Mi vida comenzó... nuevamente. La partida continúa para los que nos quedamos aquí, no podemos salirnos del juego, aunque sientas que la partida ha terminado.

»Todo había cambiado mucho desde que recibimos el diagnóstico que paralizó nuestras vidas, pero ahora debería volver al trabajo, a mi empresa. Ya sin mi principal apoyo, sin la compañera que tanta ayuda me prestó cuando más lo necesitaba y que, gracias a la lectura de la carta, aprendió las reglas del juego junto a mí. Reglas que aplicamos cuando tuvimos oportunidad y que nos facilitaron el logro de grandes metas, sueños, que no solo nos beneficiaron a nosotros, sino que nos permitieron crear un mundo mejor a nuestro alrededor, un mundo más feliz, y todo gracias a nuestro trabajo; bueno... a nuestra mentalidad principalmente, porque ¿sabes, Toni? Realmente nunca he trabajado...

*"Elige un trabajo que te guste
y no tendrás que trabajar ni un día de tu vida".*

Confucio

»Descubrí que habíamos hecho las cosas bien cuando, al volver al trabajo casi un mes después de la marcha de María, Robert me mostró la situación de la empresa y pude comprobar que no era la misma que hacía un año, sino que había mejorado tal y como teníamos previsto.

»De cómo llegué a ser lo que soy te lo contaré en otro momento, Toni, ahora solo te diré qué cosas hice de forma algo distinta a ti en cuanto al dinero y al mundo de la empresa...

»El dinero realmente no son las monedas o billetes que puedas tener en tu cartera, el dinero es una mentalidad, son tus creencias, tus expectativas, nuevamente, esta vez hechas realidad a modo de abundancia o escasez.

»Cuando papá pone en la carta las palabras de Robert Kiyosaki de que el dinero es una idea, nos muestra nada más aquello que él y mamá siempre nos enseñaron con su actitud y estilo de vida, que para que la vida te sonría a nivel económico tú no puedes pasarla en la queja o el odio a la abundancia.

»¿Sabes, hermano? ¿Te has parado a pensar cuánta gente sigue viviendo, y peor aún, educando en la idea de que el dinero es la fuente de todo mal, que solo genera odio y enfrentamientos?

»¿Qué crees que sucederá si pasas el día quejándote, reconociendo que el dinero es el peor de los males, la fuente de todo el sufrimiento de la humanidad y muchos otros calificativos que suelen usar aquellos que (¡vaya casualidad!) nunca han tenido una gran cuenta corriente?...

»Al final acabas encontrándote con esta realidad que tú mismo estás creando, la de vivir en escasez económica, con muy poquito, pero muy feliz...

»¿Te has parado a pensar que podrías ser igual de feliz, pero con mucho más? Quizás así hasta podrías ayudar a muchos de los que te rodean, porque probablemente tú sí sepas qué hacer con el dinero...

»He descubierto que lo que produce el dinero no es más que mostrar la realidad interior de cada persona y solo permite destacar lo que cada uno de nosotros somos realmente. Porque, sí, es verdad que hay muchos millonarios o adinerados que controlan grandes cantidades económicas y que lo hacen gracias a su situación de poder, de abuso y opresión al otro, pero también he comprobado que hay otros muchos que gracias a su situación económica crean un mundo mejor, ayudan a que vivamos en mejores condiciones y, sobre todo, muestran al resto que una vida en abundancia económica es posible sin hacer daño y sin menospreciar a nadie.

»Actúa aquí la ley del dar y del equilibrio nuevamente, Toni, no puedes tener más cuando TÚ NO ERES NI DAS MÁS... y no me refiero al dar donativos, sino al dar gracias a tu presencia, a tu aportación al mundo, a lo que eres y haces...

»¿Te has dado cuenta de lo que les sucede a muchos de los que se hacen ricos de la noche a la mañana jugando a la lotería? Hay estudios que demuestran que más del ochenta por ciento vuelven a estar en las mismas o peores condiciones económicas en menos de cinco años. Por el contrario, la mayoría de los millonarios o multimillonarios que a lo largo de su vida han perdido toda su fortuna o han alcanzado la banca rota hasta en más de una ocasión, recuperaron o incluso superaron la situación inicial en poco tiempo, y es que, como estamos viendo, TODO ES CUESTIÓN DE MENTALIDAD… Tú TE PROGRAMAS para el logro y este se hace inevitable, cuando estás programado para una determinada situación financiera, o cambias esa programación o esta se mantendrá para siempre.

»Como muy bien explica Harv Eker en su teoría del termostato… tu percepción acerca de la cantidad de dinero que puedes recibir hará que acabes lo más próximo posible a ella en todo momento, y por si algún casual esta cantidad disminuyera, harías lo posible por volverla a subir, buscarías un trabajo extra, otra fuente de ingresos, y no cesarías hasta lograrlo. Del mismo modo, si comenzaras a ingresar una cantidad excesivamente alta, rápidamente encontrarías gastos, deudas que adquirir que te harían equilibrar ese sueldo para el que tu termostato está programado.

»Eso te ha ocurrido siempre y, de no hacerte consciente de ello, de no RE-PROGRAMAR tu termostato económico, lo mantendrás de por vida en la cantidad que un día tus circunstancias, tu familia, tus amigos o tú mismo decidiste colocarlo.

»***Jhin Ron nos decía que somos el promedio de las cinco personas con las que más nos relacionamos*** y esto incluye también el aspecto económico. Solemos ganar poco más que la media de las personas con las que pasamos la mayor parte del tiempo, recuerda esto y tendrás siempre una pista de cómo te estás relacionando con el dinero… Mira a tu alrededor y lo descubrirás…

»Pero, claro, el dinero no llega solo porque seas capaz de verlo desde otra perspectiva, de llevarte bien con él, el dinero tiene sus propias reglas… Y estas también las aprendí junto a María…

»Solo te contaré algo muy básico, Toni, ya que son muchas las cosas que debes aprender… Una vez tengas la mentalidad, hayas modificado tu termostato y seas consciente de que el dinero y la abundancia en todos los aspectos de tu vida deben ser tu estado natural y no al contrario, comienza a aplicar la regla del 10-10-10-70... Aquí puede estar el inicio de todo... Es tan fácil que pocos la creen, pocos la aplican, incluso tú creo que aún no estás preparado para ella, tendremos tiempo de hablarlo, ya que, por lo que me has contado, NUNCA AHORRASTE, ¡nada! Solo cuando realmente te sobraba el dinero este se acumuló en tu cuenta y esa no es la mejor opción, te hablaré de ese diez por ciento.

»¿Te has dado cuenta de que la mayoría de las personas ajustan sus gastos a sus sueldos? Gastan todo lo que ganan, ¡y en ocasiones hasta más!...

»Al final de sus vidas, por mucho que hayan ganado, en sus cuentas corrientes sigue sin haber nada, quizás tengan vivienda propia, pero poco más...

»Si nos acercamos a observar los extremos, si observamos la conducta que en cuanto al dinero tienen los que en sus cuentas corrientes mantienen habitualmente seis cifras, con los que en sus cuentas encuentran números rojos, veremos que existen muchas diferencias... ¿A qué extremo te gustaría parecerte más?...

»Si observas los hábitos que tienen unos y otros sabrás cómo moverte en esa línea y llegar incluso a pasar de un extremo a otro...

»Lo primero es que los adinerados no gastan todo lo que ganan, guardan siempre, mínimo, un diez por ciento para ahorros, y esta cantidad la mantienen ahí para imprevistos y situaciones de máxima necesidad y, sobre todo, para sentir tranquilidad económica, mentalidad de abundancia y sensación de que TIENEN EL CONTROL, y esto, como ya hemos visto, es fundamental.

»Además, no cuidaste tu equipo, no te preocupaste de rodearte de los mejores y delegar, sino que lo dejaste en manos de Nick sin más y pensaste que todo sería tan fácil como parecía. Pero cuando el esfuerzo no es alto, las recompensas nunca son altas. Has comprobado cómo cuando en tu trabajo rendías al máximo, te dedicabas y ponías el alma, las recompensas te llegaron en forma de trabajos y encargos importantes, pero esta idea no la llevaste a tu negocio, esto lo dejaste en manos de otro que al igual que tú quizás fuera un gran profesional en su campo, pero no en la gestión, y acabaste pagándolo…

»Mi negocio fue creciendo junto a mí, Toni, no crecimos de la noche a la mañana, no contraté a nadie para que lo hiciera crecer mientras yo trabajaba, no es así cómo funcionan las empresas que han llegado a ser lo que son desde la base. Todo tiene un proceso y de este que te hablo algo sé y, más adelante, me gustaría que me dieras la oportunidad de ayudarte, porque creo que dentro de ti hay mucho que ofrecer, que aportar para el beneficio de otros, pero también debemos borrar algunos aspectos de tu pasado, hermano, creencias que arrojaremos a la basura para partir de cero… Comenzaremos hoy mismo, deshaciéndonos de algo que no debería estar aquí, vamos a tirar ese arma, la que un día compraste por error, confundido, cuando realmente lo que necesitabas era encontrar tu alma…

Enseñanzas de La Carta...

Si toda esta información acerca del dinero te hace dudar, te remueve, te crea incertidumbre... me alegro, son tus creencias que están entrando en desequilibrio, no les gusta que las cuestionen, saben que lo siguiente será salir de la zona de confort, y con esto tu vida estará en peligro... SÍ, así funciona nuestro cerebro reptiliano, aquel que aún compartimos con el resto de seres vivos, esa parte de nuestro cerebro que dirige los instintos más básicos y que, ante todo, quiere protegernos de los peligros de fuera de la cueva... como si todavía viviéramos en una... Las creencias nos paralizan y puede que hasta ahora sean ellas las que te han paralizado, las que te hayan hecho pensar que el dinero solo te traerá problemas. Por suerte a estas alturas ya sabes que puedes modificarlas, ¡¿a qué esperas?!

La regla de los porcentajes... 10-10-10-70

Divide tu sueldo en estos porcentajes, aplícalos de la siguiente forma:

10 %- Ahorros

10 %- Inversión-Formación

10 %- Donaciones

70 %- Resto de gastos, ¡vivir!

AHORROS... Se trata de una cuenta que no podrás tocar, ya que está ahí para dar tranquilidad, para hacerte sentir bien con tu situación financiera, y solo se usará en caso de imprevistos que no puedan cubrirse con el último 70 %.

INVERSIÓN-FORMACIÓN... Este porcentaje hará que tu dinero trabaje para ti, ya que se colocará en la creación de negocios o de activos que generen ingresos sin necesidad de que tú estés trabajando... y para eso necesitarás FORMACIÓN... Dedica parte de tus ingresos a formarte, a crecer dentro de tu campo profesional y de negocios, y entonces sabrás qué hacer con este porcentaje a nivel de inversión.

DONACIONES... Entra en juego aquí la ley del dar, entrega sin pedir nada a cambio, da de corazón sabiendo que vivimos en un mundo abundante y que todo lo que des te será devuelto multiplicado...Pero, ojo, si lo das esperando algo a cambio, si lo das con resentimiento... mejor llévalo al porcentaje de la formación, aún tienes un camino que hacer hasta llegar al sentimiento de abundancia.

¡VIVIR!... Ajusta tus gastos y tu estilo de vida a este porcentaje o lo más próximo que puedas, al principio te costará, pero a medio y largo plazo te dará muchos beneficios.

Esto lo hacen los que en sus cuentas corrientes tienen más de siete cifras, pero para el resto de los mortales "no es posible"... o eso piensan... ¿te atreves a probarlo? Te sorprenderá lo que serás capaz de alcanzar si lo aplicas... No necesitas empezar obligatoriamente con estas cantidades, ya que reducir un 30 % de tus gastos será complicado, pero al menos ¡COMIENZA! Decide qué porcentaje dedicarás a cada parte y, poco a poco, ve elevándolo, **si lo crees, lo creas.** En menos de lo que piensas puedes estar viviendo en estos porcentajes y tu vida ya no será la misma.

"Cada vez que piensas que no puedes hacer algo, alguien más piensa que sí puede".

Robert Kiyosaki

"LO QUE LA MENTE DEL HOMBRE PUEDE CONCEBIR Y CREER, ES LO QUE LA MENTE DEL HOMBRE PUEDE LOGRAR".

Napoleon Hill

Una historia de éxito...

Él no nació con una cámara bajo el brazo, en su familia no existían referentes, en su entorno el mundo del cine quedaba lejos y sonaba a Hollywood. Por eso, cuando un día, siendo solo un adolescente, empezó a decirles a todos que sería director de cine, estos le llamaron loco, se rieron de aquel chaval que iba de un lado a otro con su cámara y que jamás se separaba de su sueño. A él le apasionaba, y su mente comenzó a crear esa posibilidad.

Sus primeros montajes, sus primeros vídeos caseros y, sobre todo, su primer cortometraje, sorprendió a familiares y amigos; demostró a todos que lo que decía iba en serio, que su meta era esa y que nada ni nadie iba a hacerle dejar de soñar.

Se lanzó a estudiar lejos de su ciudad, donde muy pocos se atrevían a llegar, cruzó el país en busca de su sueño, dejó atrás a su familia, a sus amigos y continuó soñando, aun cuando todos le recordaban lo duro que sería y lo difícil que podría resultar para un director de cine salido de la nada, él continuó adelante.

En su mente, la programación ya estaba hecha. No deja de trabajar, de presentar cada una de sus propuestas a productoras que puedan ayudarle a hacerlas realidad, hasta encontrar la respuesta que esperaba. Por fin, un productor se enamora de su trabajo. Su primer largometraje cuenta con el apoyo y respaldo necesario, habían pasado años de búsqueda y aprendizaje, el esfuerzo había merecido la pena... pero nuevamente la suerte le da la espalda, la vida le recuerda lo espinosa que puede llegar a ser la lucha por los sueños, y ese productor, esa primera persona que confía en él, muere trágicamente en un accidente.

Toca empezar de nuevo, comenzar de cero la búsqueda de una nueva oportunidad… o abandonar, volver a casa y plantearse nuevos planes, otras opciones más sencillas y seguras, que, aunque lejos de la pasión, ofrezcan seguridad y estabilidad económica y emocional…Pero no, él decide que esta opción es solo para aquellos que no son capaces de fijar una fuerte programación en su mente, para aquellos que no creen realmente en el poder de la pasión, en el poder de los sueños, y esa no era su opción.

Su elección fue continuar, seguir trabajando dándolo todo, con la certeza de que el logro de las grandes metas solo está destinado para los que continúan, para los que van más allá de la primera toma, más allá de la derrota y más allá del final, si es que este no es el esperado.

Y él así lo hizo, continuó hasta crear la oportunidad y demostrar a todos que los sueños siempre están del lado de tu pasión.

El día del estreno de Techo y comida, su primer largometraje, recibió la mayor ovación del público en uno de los festivales de cine más importantes de España.

Durante el año 2016, fue una de las películas más galardonadas, llegando a estar nominada a la mejor dirección novel en los premios Goya, los premios más importantes a nivel cinematográfico de España, y obteniendo su protagonista, Natalia de Molina, el Goya a la mejor actriz.

El sueño se había hecho realidad.

Él es Juan Miguel del Castillo, guionista y director de cine.

"No abandones nunca, confía en lo que haces, confía en tu pasión".

Juan Miguel del Castillo

CAPÍTULO 6...

Perdona para liberar y descubrirás que el prisionero eras tú

> *"El débil no puede perdonar nunca, el perdón es atributo de los fuertes".*
>
> Mahatma Gandhi

Repetirás la lección hasta que hayas descubierto qué vino a enseñarte...

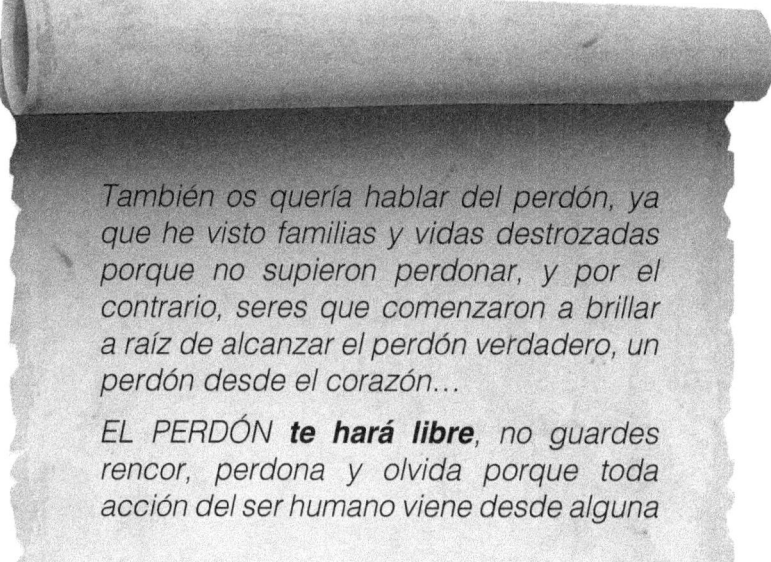

También os quería hablar del perdón, ya que he visto familias y vidas destrozadas porque no supieron perdonar, y por el contrario, seres que comenzaron a brillar a raíz de alcanzar el perdón verdadero, un perdón desde el corazón...

EL PERDÓN **te hará libre**, no guardes rencor, perdona y olvida porque toda acción del ser humano viene desde alguna *de las **dos emociones básicas: el temor o el amor**, y si alguien te hizo daño, seguro que si profundizas en las causas descubrirás que lo hizo por miedo. No a ti, ni a aquello en lo que actuó, sino que pudo sentir temor a las consecuencias, a situaciones que vivió o sus creencias le llevaron a pensar que viviría, y del mismo modo que te costaría castigar a un niño que llora porque tiene miedo a la oscuridad, debería costarte castigar a un adulto que tiene miedo a la luz... a descubrir la verdad sobre sus creencias, sobre sus posibilidades... Sus actos no son más que el reflejo de sus miedos...*

*Sé que esto te crea dudas, por eso comprenderé que no lo hagas tuyo ahora, esta es una de las partes de esta carta que la vida te irá enseñando, lo irás descubriendo por ti mismo, pero nunca olvides esto... El perdón es el mejor antídoto para el resentimiento, el odio o la necesidad de venganza que envenenan nuestra alma, así que úsalo... lleva el perdón de corazón a tu vida y este **te hará libre.***

La vida de Toni...

—Yo jamás he sabido perdonar, como has visto no fui capaz de abrir la carta porque nunca perdoné la marcha de papá y mamá. Y este error fue el desencadenante que me hizo salir del país y marchar a Estados Unidos.

»No podía entender cómo Nick pudo hacerme eso, por qué actuó de esa manera tan egoísta e interesada, por qué nunca fue sincero en sus acciones. Más tarde llegué a pensar que quizás él fue un simple reflejo de mí mismo, quizás él solo representaba mi imagen a la cual yo jamás hubiera confiado un negocio, y finalmente, él simplemente hizo lo que yo hubiera hecho... huir.

»Seis meses después de la quiebra, vivía para pagar deudas y volvía a estar solo en un pequeño estudio de Madrid, sin blanca en el bolsillo, ya que todo lo que ganaba, que no era ni la décima parte de lo que solía ingresar meses atrás, se lo quedaban los acreedores.

»Uno de los pocos clientes a los que no le importó la mala imagen que me creé por aquel entonces y que además me pagaba muy bien cada proyecto que realizábamos estaba en Estambul. Cuando recibí su llamada no pude ni oír la propuesta, acepté directamente, ya que el simple hecho de salir de mi apartamento y dormir de nuevo en un hotel daría un respiro a la situación que vivía. Además, volvía a estar solo, no tenía que dar explicaciones ni consultar a nadie. Esto era lo único que me gustaba de mi nueva vida.

»Hacía tiempo que no recibía buenas noticias. Esta propuesta me hizo sentir una mezcla de alegría y paz interior no solo por el beneficio económico que este proyecto supondría, sino por la posibilidad que me ofrecía de pasar unos días fuera de Madrid, de España, alejándome así de las deudas, las miradas desconfiadas y los cuchicheos.

»Llegué al aeropuerto mucho antes de lo establecido, volvía a volar en primera, las salas vip de los aeropuertos me encantaban, así que no dejaría pasar la oportunidad de volver a sentirme importante, al menos por unas horas; pero volví a demostrar que no estaba en el ser, solo en el tener…

»Llevaba ya un buen tiempo en la sala, leyendo la prensa y dando buena cuenta del exquisito servicio de *catering*, a la espera de la hora de mi embarque, cuando levanté la cabeza y descubrí que al otro lado de la sala me observaba junto a su equipaje de mano quien menos podía imaginar encontrarme en aquel momento que tan plácidamente estaba saboreando.

»Se me hizo un nudo en el estómago, sentí cómo se me erizaban los bellos de mis brazos y volvieron a mí tan malos recuerdos que por un momento quedé paralizado. Tenía tanto que decirle, tantas preguntas que hacerle, tanto odio guardado, que me puse en pie como un resorte y no dejé de mirarle. Continué paralizado, sentí la contracción de cada uno de los músculos de mi cuerpo, al mismo tiempo que mi cabeza procesaba miles de pensamientos sin discernir ninguno, y de pronto él comenzó a acercarse a mí, su rostro mostraba humildad, vergüenza y arrepentimiento, y sus palabras así lo corroboraron:

—Toni, es increíble que nos veamos aquí, he querido llamarte y pedirte perdón tantas veces, perdóname, me gustaría que pudiéramos charlar brevemente. —Mientras hablaba me extendió su mano derecha en señal de amistad.

»Yo no pude darle la mano, no pude perdonarle nada, por el contrario, mi mano derecha no salió extendida en dirección a la suya, sino completamente cerrada y en dirección a su rostro, y al golpearle volví a sentir las heridas del pasado, descargué tanta ira, tanto odio en su rostro, que mis huesos volvieron a saltar en pedazos y nuevamente Nick me dejó sin trabajo, volvió a ser el responsable de mi desdicha… Volvió a actuar de espejo; yo le hacía responsable, sin darme cuenta de que él simplemente era la imagen reflejada, él era yo mismo al otro lado del cristal.

»A Nick su arrepentimiento solo le costó una fractura de mandíbula, a mí, cinco mil euros de multa por agresiones, la pérdida del proyecto en Estambul y seis meses sin poder tocar el ordenador con la mano derecha, lo que equivalía a seis meses sin trabajo…

»Decidí que esos cinco mil euros de multa serían los últimos que pagaría y lo haría porque, de lo contrario, podría pisar la cárcel, si no, tampoco lo hubiera hecho, estaba harto de pagar deudas provocadas por otros. En cuanto consiguiera el dinero necesario, dejaría el país para siempre y con él cada una de las deudas pendientes, cada uno de los recuerdos amargos y dolorosos que habían llenado mi vida, una vida de la que aún esperaba una sonrisa…

»Mantuve algunos contactos y usé uno en Estados Unidos para ofrecerme como empleado en una pequeña empresa publicitaria. Empezaría de cero prácticamente, pero no me importaba, quizás el sueño americano cambiaría mi vida para siempre, y vaya si lo hizo…

»Seis meses después de abandonar en ambulancia la sala vip del aeropuerto, volvía a pisarlo, esta vez con pasaje de turista, visado de trabajo y con un billete de solo ida… Nueva York me estaba esperando, lo mejor aún estaba por llegar…

La vida de Ángel...

—Te contaré ahora, Toni, cómo viví junto a Rosa, tu última compañera de viaje, una de las más conmovedoras historias de amor y perdón que una persona puede experimentar en la vida. Una historia de transformación gracias al acto de perdonar que, seguro, ni siquiera tú conoces.

—No me lo puedo creer. Rosa jamás me habló de ti ni de Tía Lui.

—¿Alguna vez preguntaste por nosotros?

—Sí, claro, el mismo día que la conocí... —Tras esta afirmación algo a la ligera, Toni continuó excusándose—. Pero ella jamás mencionó vuestro nombre... La verdad es que tampoco yo le pregunté con insistencia, pensé que su trabajo lo desarrollaba en otro lugar, jamás imaginé que lo hiciera con Tía Lui, ¿cómo no me pudo decir nada?... Reconozco que en ocasiones estuve tentado de preguntar, pero me avergonzaba consultarle a ella, una desconocida para ustedes. No podía reconocer que quizás ella supiera más de mi familia que yo mismo.

—Por eso nunca te habló de nosotros, Toni, por eso yo tampoco te llamé aun sabiendo que estabas con ella, incluso habiéndote localizado tantos años después... Debías ser tú quien decidiera abrir tu corazón a tu pasado.

—Pero, Ángel, entonces...

—Toni —le interrumpí—, deja que te cuente su historia, te enseñará tanto como me enseñó a mí.

»Cuando Lui comienza con el grupo de apoyo a jóvenes yo era su principal ayudante, pero, al caer enfermo, nos fue imposible continuar como lo veníamos haciendo, así que redujo el número de casos que atender a la mitad y esto lo notaron los jóvenes, ya que la demanda era muy superior. Y entonces un día en medio de nuestras charlas de habitación de hospital apareció Rosa.

Hacía mucho que no la veía, así que me sorprendió que viniera a visitarme. Pronto descubrimos que realmente ella no venía a ver a un amigo enfermo, ella venía a pedir ayuda, qué ironía de la vida que incluso en los momentos más duros y complicados nos permite descubrir que no estamos solos y que nuestras quejas y lamentos no son únicos, no son el TODO. Llegué a sentir por ella y su historia tanta emoción que comprendí que ninguna enfermedad física puede superar a las enfermedades de la mente, que, aunque mi diagnóstico pudiera presagiar el final de mi vida, lo que estaba viviendo esta chica y la presión psicológica a la que estaba sometida apagaba su vida un poco cada día... Solo tenía diecinueve años, pero hacía mucho que había empezado a morir.

»Nos contó que llevaba dos días yendo por nuestra sala de reuniones y por casa para ver a Tía Lui y pedir que la ayudáramos, y que al enterarse de lo sucedido prefirió venir a verme, a darme ánimos y, de paso, solicitar ayuda, ya que estaba viendo cómo su vida no iba por buen camino. No tenía trabajo ni estudios y había oído que la mayoría de los chicos que formaban parte de nuestro grupo acababan encontrando un puesto de trabajo.

»A mí me convenció la historia, pero a Tía Lui no, ella tenía un don para tratar con los jóvenes y supo que tras aquella dulce mirada de niña buena había algo más, no sé por qué lo supo, pero tan solo dos preguntas después Rosa no podía parar de llorar...

»Entre lágrimas nos abrió su corazón y aquella tarde significó tanto para los tres que ya jamás volvería a ser lo mismo para ninguno, puesto que desde ese día Rosa pasó a formar parte de nuestras vidas, y como te he comentado, la grandeza de corazón de Lui le permitió luchar con dos grandes dragones al mismo tiempo: por un lado, mi enfermedad, que podría acabar con mi vida, y por otro lado, la familia de Rosa... "la enfermedad" que podía acabar con la de ella.

> *"Podrán cortar todas las flores,*
> *pero no podrán detener la primavera".*
> Pablo Neruda

La historia de Rosa... una flor que se marchitaba...

—Rosa era la menor de tres hermanos. Tenía una hermana mucho mayor que ella, la cual hacía años que se marchó de casa, y un hermano con el que solo se llevaba tres años y que aún convivía con ella.

»A su hermana mayor hacía años que ya no la veía, ya que cuando alcanzó la mayoría de edad decidió independizarse y perder todo el contacto con su familia.

»Para los que la conocíamos, su familia siempre fue esa típica "familia modelo", donde todos parecían muy educados, amables y felices en el rol que les había tocado desempeñar. El padre había sido un administrador de fincas con el que Rosa solo había convivido por las noches, ya que trabajaba en Barcelona y partía muy temprano volviendo a casa para cenar, pero ya hacía un año que había fallecido, un infarto acabó con su vida en su propia mesa de trabajo.

»Su madre se encargaba de las labores de la casa y lo hacía con gusto, ya que en su vida no había motivos ni deseos de otra cosa más que la de mantener un hogar unido, aportando lo que ella mejor sabía hacer y procurando que todo sucediera como debía, y si no era así, *al menos que nadie lo supiera*. Era hija de inmigrantes, de familia muy humilde y tradicional, sus principios no podían permitirle que la suya fuera distinta, porque ese era el modelo que ella conocía, el único modelo permitido para su mente, porque su alma ya no estaba para hacerla despertar, hacía ya muchos años que la había dejado en el pueblo que la vio nacer.

»Rosa creció en un hogar lleno de machismo y malos tratos físicos y psicológicos, pero en todo momento las explicaciones de mamá y los cambios de humor de su padre la habían convencido de que eso era lo normal y que así se desarrollaba la vida de todo el mundo.

»En sus primeros años de vida jamás se planteó que aquello fuera algo perjudicial para ella, ni siquiera aquellas noches en las que un padre, oliendo a alcohol, la mandaba a la cama a gritos. Nunca se atrevió a decirle a él o a su madre que le daba miedo, que no le gustaba... era algo normal.

»Conforme fue creciendo su vida se hizo aún más complicada, puesto que ya no solo temía a su padre, también a su hermano, que, en ausencia de este, abusaba de su mayoría de edad y de su fuerza para tener a su hermana como una esclava, en continua disposición para lo que él necesitara.

»Pasaron los años, comenzaba a convertirse en mujer y descubrió en las conversaciones con sus amigas que a ellas no las trataban igual, que en las casas de sus amigas la relación con los padres y los hermanos era muy distinta a la suya y empezó a sentir odio en la misma proporción que miedo a toda su familia.

»Un día se propuso plantar cara a su hermano y se negó a hacer lo que este le pedía, le reprochó que ella no era ninguna sirvienta para él y que no tenía derecho a hablarle de esa forma, pero no tardó en arrepentirse de sus palabras. Le propinó tal paliza que estuvo casi una semana en casa sin poder ir al instituto porque las heridas en su rostro delatarían lo sucedido.

»Ese día decidió que sería el último. No volvería a hablar con nadie de su familia, incluida su madre; ella también era culpable de todo, consentía que les hablasen así, que las maltrataran. Rosa no iba a permitirlo por mucho tiempo y, al igual que hizo su hermana al cumplir la mayoría de edad, se marcharía, se iría lejos, y del mismo modo, ella también olvidaría que un día tuvo familia...

»Su vida se desarrollaba fuera de casa la mayor parte del tiempo y, cuando convivía con ellos, se limitaba a cumplir órdenes y ayudar a su madre.

»Lo peor de todo llegaba los fines de semana; hubo unos meses que incluso dejó de salir por las noches, ya que cuando ella volvía de estar con sus amigos, él ya había llegado de estar con los suyos... y la mayoría de las veces, bajo los efectos del alcohol, encontraba motivos para acabar pegándole a ella y a su madre, si es que esta intentaba evitar la agresión.

»Curiosamente, ella tampoco puede olvidar su decimoquinto cumpleaños. En la noche que cumplía quince años, decidió acabar con las palizas al llegar a casa, había llegado el momento de buscar a su hermana, de escapar de aquella situación como hizo ella años antes, estaba segura de que sería la única que la comprendería... y mientras sus amigos aún continuaban en su fiesta de cumpleaños, una amiga la acompañó al tren que la llevaría a la capital, ya no había marcha atrás.

»Y allí llegó, sola, con tan solo el nombre de su hermana y un número de teléfono al que nadie respondía. No supo qué hacer, anduvo durante un tiempo, pero la atrapó la soledad de la noche y volvió a la estación. Dormiría allí como pudiera y donde la dejaran, no era lo que había planeado, pero al menos esa noche nadie le pegaría...

»A la mañana siguiente la despertó la policía, la habían localizado, sus padres ya habían denunciado su desaparición...

—¿Qué haces aquí, chica? ¿Por qué te escapas? Has tenido suerte de que no te ocurriera nada, sola por aquí toda la noche. Te llevaremos a casa, tus padres están muy preocupados.

»Rosa decidió volver a guardar silencio, hubiera sido una buena oportunidad para explicar el porqué de su huida, para decir la verdad y destapar lo que vivía cada fin de semana, cada día, en casa. Pero decidió callar una vez más, por miedo, por vergüenza, volvió a ocultar la situación y no dijo nada a la policía.

»Ellos no lo sabían, pero aquel traslado no era a su casa, aquel viaje para Rosa terminaría en la cárcel, en lo que se había convertido el hogar que su familia había creado para ella, aquella realidad que solo ella podía vivir, ya que de cara al exterior todo era perfecto...

»Sin embargo, al regresar, le sorprendió la grata acogida por parte de todos. Su madre la abrazó llorando, su padre y su hermano se marcharon de casa en cuanto ella entró. Mucho mejor de lo que ella esperaba, la reacción de ambos era lo que más temía y al menos de momento se habían mantenido al margen.

»Ese día le habló a su madre con el corazón en la mano y le confesó cada uno de sus miedos, cada uno de sus odios y los deseos de huida que estos le provocaban. Le preguntó por qué ella lo permitía, por qué nunca hizo nada, y descubrió que simplemente seguía un patrón.

Era lo que había vivido siempre, su padre, el abuelo de Rosa, también fue maltratador, y de esta manera, bajo la influencia de una figura autoritaria y machista, había crecido, por lo que cuando la vida la puso a prueba y no demostró el aprendizaje realizado, le hizo repetir partida y se casó con el padre de Rosa, de nuevo un maltratador. Ella lo aceptó con resignación, pensando que el amor no da muchas opciones y se conformó, lo aceptó sin más, al igual que su madre lo hiciera años atrás... Estaba claro, le tocaba ahora a Rosa tirar dados y tenía dos opciones: aprender o repetir jugada...

»Por suerte, su madre le prometió que haría lo posible por evitar que le volvieran a pegar y que, para eludir los enfrentamientos de cada fin de semana, podría pasar las noches con su tía, en el hostal que regentaba esta cercano a su casa. Rosa tenía muy buena relación con esta tía, así que aceptó encantada, solo debía cumplir una condición y es que por la noche dejaban de atender la recepción y cerraban la puerta de entrada. Si algún cliente tenía que salir debido a alguna urgencia debía llamar por teléfono, pero claro, ella no era cliente, ni se podía plantear molestar a su tía para entrar cada viernes o sábado, así que debía estar en su habitación antes de que cerraran la puerta del hostal... La hora de cierre de recepción eran las doce de la noche... Descubrimos aquel día el secreto de nuestra Cenicienta, por qué se mostraba tan puntual cada noche, en qué se convertiría su carroza de no llegar a tiempo...

»Y así vivió toda su juventud, con miedo a su hermano y su padre, sumida en continuos gritos y amenazas, los cuales solo sabía evitar saliendo a la calle y viviendo lejos de todos, disfrutando de una libertad que enmascaraba tantos miedos y resentimientos que nunca le permitieron quitarse su armadura, ser ella misma, mostrarse al mundo como quien realmente había venido a ser... la

Rosa que tú has conocido, Toni, la Rosa que comenzó a florecer el día que perdonó...

»Llegó a vernos, como ya te he dicho, a sus diecinueve años, reconociendo que consumía drogas y que temía que algún día acabara en la cárcel porque el grupo con el que se relacionaba se estaba lanzando a cometer delitos cada vez mayores. Y para colmo, su última pareja, tras una discusión una noche de fiesta, le cruzó la cara de una torta. Ella no lloró, ni volvió a sus brazos pidiendo perdón. Por el contrario, se lanzó hacia él y con toda la rabia contenida en años fue capaz de causarle tantas lesiones como puñales tenía en su corazón; hicieron falta muchos amigos para detener su odio y su amor propio, para frenar a la joven que un día decidió no continuar la partida que le estaba destinada.

»Sin saberlo, Rosa iba a emprender el aprendizaje que su abuela o su madre deberían haber realizado, y para ello acudió a Tía Lui, que aceptó sin dudar, pues sabía que había llegado su momento. Y como nos confesó años después, lo hizo segura de lo que le decía su intuición, que aquella joven no sería como las demás.

»Comenzó acompañándonos prácticamente desde la mañana a la noche, ya que la libertad que tenía en casa, a cambio de obediencia y sumisión, le permitía mantenerse libre de preocupaciones la mayor parte del día. Fue así como aprendió a relacionarse con los jóvenes a los que apoyábamos desde otra perspectiva, a conocer estrategias distintas a las que ella estaba habituada, a sustituir las drogas por los libros, sus dudas por anhelos y sus miedos por amor.

»Un día, en mi habitación del hospital, Lui le habló del perdón...

—Rosa, ¿guardas rencor a tus padres?... ¿a tu hermano?

—¿Qué crees, Lui? Ellos han destrozado mi vida. No te imaginas cuántas veces he llorado sola en mi habitación, nunca he tenido el apoyo de un padre ni una madre que me defendiera, ella también lo ha sufrido y lo sigue sufriendo con mi hermano, a él ya lo conocéis, va a lo suyo, yo no existo para él y, la verdad, lo prefiero así.

—¿Crees que tu vida sería otra de haber tenido una familia distinta?

—Pues claro —respondió Rosa muy segura de sí misma—. Me he criado en la calle huyendo de los gritos y las amenazas, guardando silencio para que nadie supiera lo que realmente ocurre en mi casa.

—¿Hubieras sido una persona muy distinta entonces de haber tenido otra familia?

»Esta pregunta hizo pensar a Rosa, que guardó silencio por un momento antes de responder.

—Pues muy probablemente sí, sería más feliz, no tendría tantos miedos... —Y de pronto comenzó a llorar, hacía mucho que no veía una lágrima de esa chica tan llena de carácter y determinación, pero siempre sucedía así, Lui tenía esa capacidad de llegar al corazón de las personas y de tocar sus espinas... Las lágrimas eran inevitables, eran parte del proceso...

»Lui guardó silencio y la dejó desahogarse, le permitió hablar, porque sabía que quien lo hacía ya no era la Rosa que todos conocían, sino aquella niña que un día se escondió bajo su cama, aquella niña que un día escapó en tren, quien hablaba en ese momento era ella misma desde el fondo de su alma...

—Podría haber estudiado, Lui, me encantaba estudiar, ir al colegio, y muchas veces no pude ir porque tenía marcas en la cara de la paliza que me había dado mi padre o mi hermano. Podría haber sentido el amor de un padre que nunca me dio un beso de buenas noches, sino todo lo contrario, nunca me preguntó ni se interesó por mí, solo me acusaba y hacía sentir culpable... Tampoco quiso a mi madre, la usó para mantener su imagen, para tenerlo todo listo cuando él lo necesitara, pero nunca le dio las gracias, nunca le reconoció nada, solo arrepentimiento en contadas ocasiones, pero era todo mentira, el daño ya estaba hecho y siempre lo volvía a hacer... Lo he pasado muy mal durmiendo a solas en la fría habitación del hostal, he llorado mucho sabiendo que estaba allí para evitar una paliza que probablemente estuviera recibiendo mi madre... Sí, sería otra persona, seguro.

—¿Y crees que podrías hacer lo que hoy estás haciendo con otros jóvenes y que tanto te apasiona si fueras distinta, si hubieras tenido otra familia?

»Comenzó a calmar su llanto y respondió tras reflexionar sobre la pregunta.

—No, creo que no. Me he criado en la calle y hablo el idioma que ellos hablan; soy una de ellos y por eso me aceptan y me escuchan.

—¿Sabes entonces por qué has venido? ¿Sientes cuál es tu misión en esta vida? —continuó Lui.

»A cada respuesta le precedía un silencio de deliberación, de reflexión interior...

—Sí, creo que puedo ayudar a muchos chicos y chicas que como yo lo han pasado mal, me encanta hacerlo y creo que lo hago bien. Ya lo hemos hablado muchas veces, me encantaría hacer esto toda mi vida.

—Rosa, ¿crees que serías capaz de hacer esto, de sentirlo, si hubieras tenido otra familia? —Lui hizo esta pregunta mientras agarraba la mano de Rosa.

—No, está claro, no conocería muchas de las cosas que conozco, ni hubiera vivido las experiencias que he vivido, no sería yo misma.

—Cada una de tus experiencias han estado ahí para enseñarte tu camino. Rosa, durante todo este tiempo llevaste una pesada mochila, cargada con odio, rencor, culpa, remordimiento, ansias de venganza… y ¿sabes? Todo eso que guardas te está frenando. Podrás llegar mucho más lejos, donde quieras, y hacerlo mucho más rápido cuando te desprendas de esa pesada carga, cuando decidas soltar la mochila.

—Pero, ¿cómo puedo hacerlo? ¿A qué te refieres, Lui?

—Te estoy hablando del PERDÓN. Puede que haya llegado el momento de perdonar a tu familia, de perdonarte a ti misma y de esta forma liberarte de esa pesada carga.

»Perdonar no es aprobar lo sucedido y aceptarlo como válido o merecido. Perdonar es reconocer que el mundo no es perfecto, que el ser humano en ocasiones comete errores o incluso injusticias, pero estos actos no pueden acabar con tu vida, ni siquiera te pueden hacer detener en tu camino hacia tu propósito de vida.

»**El perdón te dará la capacidad de centrarte en lo que realmente sí te acerca a tu sueño,** y para alcanzarlo debes aceptar que, en este juego de la vida, las personas y las situaciones que han aparecido en tu camino lo han hecho para ofrecerte un aprendizaje, por lo que tu trabajo es reconocer aquello que te han venido a enseñar y continuar avanzando.

»Guardar tu ira, tu rabia, para descargarla sobre alguien es como aquel que atrapa brasas ardientes para lanzarlas contra el enemigo, también se acaba haciendo daño a sí mismo en este acto de venganza…

*"El primero en pedir perdón es el más valiente,
el primero en perdonar es el más fuerte,
el primero en olvidar es el más feliz".*

Sri Ravi Shankar

»Pero para alcanzar la capacidad de perdonar al otro primero has de perdonarte a ti misma. Esto no es más que reconocer tus errores, tus sentimientos, y saber que son fruto de tu experiencia de vida, de tus creencias, y que estuvieron ahí también para permitirte crecer, ser la persona que eres y has venido a ser. Cuando tomes conciencia de esto y te aceptes tal y como eres, tal y como has sido, podrás perdonar al otro.

»Fue así como Rosa comenzó a trabajar con Lui su proceso del perdón... a ella misma, a sus padres, no solo a su madre, también a su padre, que ya no estaba junto a ella y, por supuesto, a su hermano...

»...fue así como Rosa inició una nueva vida... y tú, ¿serás capaz de perdonar ahora que sabes lo mucho que te espera tras el perdón?...

Enseñanzas de La Carta...

"EL PERDÓN ES PARA TI PORQUE TE LIBERA. TE PERMITE SALIR DE LA PRISIÓN EN LA QUE ESTÁS".

Louise Hay

El perdón es algo muy personal, un acto que llega muy adentro de cada persona y para el cual no todo el mundo está preparado.

Debes aspirar a alcanzar la capacidad del perdón, ya que ella es símbolo de autorrealización, de crecimiento personal, puesto que solo el que es capaz de comprender la naturaleza del ser humano es capaz de llegar al perdón verdadero y con él al olvido...

El perdón es algo tan personal que no necesitas del otro para darlo... Puede que el acto para ti haya sido tan duro que la otra persona no se merezca que tú se lo manifiestes, puede que la otra persona ya no esté junto a ti... Pues aun así, ofrece tu perdón, tú solo perdona, siéntelo, vívelo, otórgalo como si realmente estuvieras delante de esa persona que te causó daño, y este simple acto sincero, de corazón, te liberará de tu carga y se marchará para siempre...

Yo siempre recomiendo **"la carta del perdón"**, en ella escribes una carta a quien te causó daño y luego decides si enviarla, entregársela, destruirla o guardarla... Al escribirla de puño y letra, al hacerlo con la emoción sincera del perdón, el acto queda grabado, queda registrado en tu subconsciente con fuerza y así sientes que has llegado al perdón verdadero... Tú ya perdonaste, la respuesta de la otra persona no te debe preocupar, porque ya eso no depende de ti...

Y si esa persona son tus padres... escríbeles hoy mismo... el perdón a papá o a mamá o a ambos es la mochila más pesada con la que tendrás que cargar en tu camino de ascenso. **Pídeles perdón hoy**, ellos fueron los que te dieron la vida, vivieron su vida como sabían y como pudieron hacerlo y así te educaron, así actuaron contigo y era justo lo que necesitabas para ser quién eres hoy... Compréndeles, perdónales, escríbeles esa carta y sentirás lo que es el perdón verdadero y este te hará libre... No me creas, compruébalo...

A VECES, PERDONAR NO SERÁ FÁCIL, SERÁ INCLUSO MÁS DOLOROSO QUE LA HERIDA CAUSADA, SIN EMBARGO, DESCUBRIRÁS QUE NO EXISTE PAZ INTERIOR SI NO HAY PERDÓN.

"Perdonar no es olvidar, no es justificar, no es minimizar ni reconciliarse. Perdonar es un proceso personal, sin esperar nada del otro. Es un acto que hacemos para no quedarnos estancados en el pasado. Perdonar es avanzar y no dejar que lo malo del pasado nos afecte en el presente".

Bernardo Stamateas

Una historia de éxito...

Nació allí donde eligió nacer. En un humilde barrio de una de las ciudades con más tradiciones populares y musicales de su país. Por esto, desde sus primeros años de vida, fue recibiendo influencias muy diversas de cada una de las expresiones artísticas que le rodeaban, y aunque nadie lo supiera, él comenzó a aprender.

Disfrutaba escuchando las canciones que sus tíos ponían para él en un viejo tocadiscos de los años sesenta, amaba tanto esa música como todo lo que la envolvía, aquellos grandes discos negros que giraban y giraban empujados por una fina aguja que se desplazaba sobre ellos y producía mágicamente canciones que le llegaban al corazón, se acomodaban en lo más profundo de su ser, y sin que se diesen cuenta, sin que nadie lo supiera, él iba aprendiendo.

Un día descubrió la vieja guitarra de su padre, y a escondidas, comenzó a soñar que componía, tenía solo nueve años, pero ya nadie podría pararlo, ya nadie lo separaría de su guitarra. Quizás se rieran de él, quizás lo llamaran loco por volar demasiado alto, por soñar lo que soñaba, pero eso a él no le importaba, porque mientras algunos se reían, él continuaba aprendiendo.

Y muy pronto llegaría su momento…

Como otros grandes sueños, encontró un garaje que le permitiera crecer, un local de ensayos donde reunirse con otros soñadores, con otros adolescentes, amantes de la música y dispuestos a formar los Kelliam´71. Fue aquí donde todo empezó, donde demostró a familiares y amigos lo que había aprendido, y lo más importante, que no estaba loco…

Pero el vocalista de los Kelliam fue creciendo, y mientras lo hacía, descubrió que detrás de aquellos discos de vinilo, que más allá de los conciertos entre amigos, el mundo de la música no sonreía a cualquiera que llegara con una vieja guitarra bajo el brazo, no sonreía a aquellos que simplemente lo habían soñado; eso no era suficiente…

Él nunca supo cuál era el precio del éxito, jamás se lo advirtieron, nadie pensó que estaría dispuesto a pagarlo, pero aquella mañana de una edad temprana decidió hacer el pago; cogió su maleta, su guitarra y marchó a Madrid. Allí donde el mundo de la música te ofrece su verdad, donde solo unos pocos se atreven a jugársela, donde no todos acaban en lo más alto del escenario.

Fueron los peores años de su vida. Cuando parecía que el éxito llamaba a su puerta, este se daba la vuelta, cuando las cosas empezaban a ir mal, todo empeoraba, y la nostalgia del hogar, de la familia, de la comodidad con que vivían los jóvenes de su barrio, le hacía plantearse su realidad, le hacía dudar y volver a dar valor a la opinión de aquellos que le llamaban loco cuando decidió jugar una partida distinta a la que todos esperaban.

Eligió entonces continuar, y al igual que los más grandes, descubrir que solo tras los miedos y las derrotas se esconde la grandeza del éxito. Cuando todos esperaban su regreso a casa, él cogió su guitarra y trabajó más duro que nunca. Se esforzó más allá de lo esperado, continuó una grabación más, un concierto más, una letra más… y el éxito, como siempre sucede a los que van más allá de lo exigido, acabó llamando a su puerta.

David de María es hoy uno de los cantautores más reconocidos y galardonados de España.

"Jamás ganó una batalla el talento sin aliarse con el esfuerzo".

David de María

CAPÍTULO 7

Miré a mi alrededor, y descubrí quién era realmente...

"Hoy está donde le han traído sus pensamientos, mañana estará donde sus pensamientos lo lleven".

James Allen

Voy terminando. Podría convertir esta carta en un libro, pero eso lo dejo en tus manos; serás TÚ quien escribas el libro de tu vida... y espero que sea un libro lleno de momentos felices, lleno de luz, de amor... que brille, como la persona que has venido a ser...

Te hablaré para terminar de lo que cambió la vida de mamá y mía por completo... **la ley de atracción***. Esta ley, al igual de todos los principios que te he descrito hasta ahora, actúa siempre, y aun sin saberlo, cada uno de nosotros somos un imán que atrae hacia* *nosotros aquello que está en consonancia con nuestros pensamientos, sentimientos o vibración, como queramos llamarlo.*

Lo que observas a tu alrededor, las personas, tus amigos, las condiciones de vida y todo lo que quieras observar de cualquier aspecto de tu vida, lo has atraído por tu forma de pensar al respecto. Y aquí te pido que lo pruebes, y verás cuán cierto es... Observa a tu alrededor, la gente alegre y optimista parece que atrae situaciones y personas felices a sus vidas, en cambio, los hurraños, los que viven en la crítica y las quejas... ¿qué les sucede? Tú elige un mensaje interior positivo, ámate, ama tu vida y muéstralo en tus pensamientos y en tus palabras con los demás, ya que tu vocabulario creará tu realidad.

Sé agradecido, el universo recompensa a quienes valoran lo que tienen, y todos los días despierta dando gracias por cada una de las alegrías que la vida te ofrece, que siempre serán muchas. Tras esto, atrévete a crear tu realidad, dedica un tiempo a visualizar aquello que sueñas, que esperas que se te entregue, y hazlo como si ya lo hubieses vivido, luego continúa disfrutando de tu vida tal y como se muestre, con la seguridad de que debe ser así, porque nada es casual.

Cuida también tus relaciones, "los pájaros del mismo plumaje vuelan juntos", así que procura rodearte de personas que te aporten en este juego de la vida, rodéate de almas alegres, soñadoras, de aquellos que actúan y no se sientan a esperar, de los que emprenden esperando lo mejor, y si llegan a caer, aprovechan un nuevo impulso para llegar aún más alto. Rodéate de ellos porque en cada uno habrá una parte de ti, porque atraes lo que eres y cuando dejes de serlo ya no estarán...

En la vida conocerás a muchas personas que te acompañarán durante una parte del camino y estarán ahí para enseñarte lo que en ese momento debas aprender, pero no las tendrás para siempre, porque TÚ no serás el mismo de siempre... Por eso llegarán otros que no serán ni mejor ni peor, simplemente serán lo que eres... lo que necesitas en ese momento para continuar tu crecimiento... Y no pienses en la suerte, sal a buscarla, créala, persigue tus metas, dibuja tu camino y comienza a andar siendo tu mejor versión y confía... deja que Dios haga el resto...

La vida de Ángel…

—Déjame continuar a mí, Toni, esta parte de la carta siempre fue mi preferida, no sabría decirte cuántas veces he leído la carta completa, pero por cada una de las veces que la leí, una vez más aún repasé este último fragmento. Para mí fue el que más me costó comprender cuando comencé, sin embargo, con los años me enamoró, ya que sus mensajes se fueron haciendo realidad uno a uno y la vida me fue mostrando cuánta verdad había en cada una de las enseñanzas que guardaba en su despedida.

»Cuando llegó mi enfermedad y me hizo parar en todos los aspectos de mi vida e incluso sentir que la perdía, llegué a creer que tantas cosas como había soñado jamás se harían realidad. Fue entonces cuando más profundicé en la ley de atracción y en todos los principios que la rigen. Leí una y mil veces esta última parte de la carta y en mi búsqueda de respuestas encontré en la librería de casa todo lo que necesitaba para recuperar la ilusión y esperar a descubrir lo que la vida había venido a enseñarme.

»Y comencé con el **agradecimiento.** Retomé la costumbre que tantas veces nos aconsejaron papá y mamá de empezar el día agradeciendo cada una de las cosas que la vida nos regala, y fueron muchas las mañanas donde me descubrí agradeciendo hasta lo más insignificante, sabiendo que para muchos eso no era motivo de alegría y felicidad… Agradecí el hecho de poder permanecer de pie cuando ya me faltaba una pierna, el peinarme cada mañana tras tantos días sin cabello alguno que cepillar, el placer de la comida, que me fue negado por las llagas que llenaron mi boca en el proceso de recuperación, la belleza de un atardecer o la lectura de libros que, en mi papel de pirata, realicé para niños que jamás tendrían esta suerte, el aire fresco de la mañana en mi rostro cuando tantos y tantos días me fue imposible salir de aquel hospital... Valoraba estas y muchas otras cosas, y haciéndolo descubrí el sentido de aquella frase que colgaba en la cocina de casa, ¿recuerdas?: *"En la vida las mejores cosas no son cosas"*.

»El amor de Tía Lui, de María, sus risas, las risas de los niños, la amistad de Lucas, el agradecimiento de las personas a las que he ayudado, un amanecer en el mar, un abrazo, el olor de la hierba fresca en la montaña, bailar, viajar, cantar en la ducha, soñar grandes sueños, alcanzarlos...

»Hay tantas cosas que he agradecido y agradezco, que estoy seguro de que es por esto por lo que me siento feliz la mayor parte del tiempo, ya que en mi vida aparecen más y más cosas por las que agradecer y al mismo tiempo descubro motivos de alegría en situaciones o momentos que para la mayoría no significan nada. La vida es como un espejo, hermano, te sonríe si la miras sonriendo...

—No, por favor —dijo Toni levantando la mano pidiendo que no continuara—. Nunca hice caso a esa frase, he esperado siempre lo contrario, que la vida me sonriera, cuando jamás he agradecido por nada de lo que he tenido ni me ha sucedido, y así me ha ido...

—No pasa nada, estás a tiempo, somos jóvenes y tenemos más de media vida por delante...

—Sí, pero pienso en lo que podría haber sido de haber abierto antes la carta... —volvió a lamentarse Toni.

—¡Serías sereno, hermano! —Y por fin provoqué una sonrisa en Toni—. ¿Recuerdas la historia? No te lamentes de lo que podrías haber sido, al contrario, aprovecha todo lo que en tu partida aprendiste y utilízalo para llegar a la mejor versión de ti para el mundo. Ya te he dicho que he venido para quedarme si tú quieres, y veo en ti tanto potencial...

»Además, desde ahora mismo voy a empezar a corregirte tu **Vocabulario**... No permitiré que te sigas juzgando, criticando por todo cuanto hiciste en tu pasado, una vida nueva te espera si así lo deseas y debes comenzar por modificar tu vocabulario. Tus palabras, grabadas en tu subconsciente, acabarán creando tu realidad, lo creas o no, lo quieras o no, así que comienza a reflexionar sobre cómo te expresas, con los demás y contigo mismo. Puedes seguir teniendo pensamientos de temor, como: "No voy a poder, nunca lo he conseguido, siempre acabo metiendo la pata"... O cambiarlos por otros positivos y llenos de amor hacia ti, como: "Voy a conseguirlo, mi éxito empieza hoy, he aprendido mucho en mi caminar, de cada caída saco un aprendizaje, he venido a ganar en este juego de la vida, ¡la vida me sonríe!"... Y cuando tus pensamientos estén en esta sintonía positiva, cuando seas capaz de cambiar la dirección de los mismos, tu vida cambiará también, puesto que tus expresiones con los demás también se modificarán. Dejarás de criticar, de hablar de aquello que no mantenga tu misma vibración y, sobre todo, cuando hables de ti ya nadie escuchará quejas, acusaciones o menosprecio hacia tu valía.

"Por muchos noes de mi pasado, un gran sí en mi futuro...
No importa de dónde vengo, importa adónde voy".

Laín García Calvo

»Madre Teresa de Calcuta decía que ella jamás iría a una manifestación en contra de la GUERRA, en cambio sí iría a todos los actos donde se defendiese la PAZ. Ella lo tenía muy claro, las palabras "hablan" mucho más allá de lo que creemos y, puestos a defender y dar publicidad a un concepto u otro, ella optaba por el de paz.

»En casa fuimos afortunados, Toni, en cuanto a la relación con el dinero muchas personas han crecido bajo la influencia de creencias muy negativas de las que ya hemos hablado, y eso se refleja en su vocabulario. En cambio, nuestros padres fueron muy distintos.

—¿Cuántas veces oíste en casa hablar mal del dinero?

—Nunca.

—¿Ves? No crecimos bajo esa noción de que el dinero es malo, muy difícil de conseguir, y de que si, además, algún día teníamos demasiado, sería negativo y nos convertiríamos en peores personas... al contrario. Siempre estuvimos bien económicamente, y cuando teníamos sueños más caros de los normales, papá siempre nos decía lo que le había enseñado el padre rico de su amigo, que **tendríamos que buscar la forma de pagarlo**... Por cierto, con el tiempo supe de quién hablaba, su amigo era Robert Kiyosaki, y aunque jamás se sentó a jugar a Cash flow o a tomar café con él, la lectura de sus libros los convirtieron en grandes amigos.

»Sobre el poder de la palabra se ha escrito y hablado mucho, sin embargo, ¿habías oído alguna vez esta idea de la importancia que pueden llegar a tener tus palabras?

—No, Ángel, jamás pensé en ello. Es más, creo que nada tiene que ver lo que yo diga con lo que realmente luego vaya a sucederme o acabe siendo.

—Gracias, hermano, acabas de responderme a la siguiente pregunta, ¿por qué no es un rumor a voces, por qué no lo conoce mucha más gente y lo aplica? La respuesta está en sus creencias, es lo que han vivido, lo que les enseñaron de pequeños y se ha aceptado como válido, sin ni siquiera dar una oportunidad a lo contrario. ¿Has probado a hacerlo? ¿A decidir cambiar tu forma de hablar? ¿A cuidar tu vocabulario?... Yo lo decidí uno de los días en que tras leer la carta me di cuenta de que me quejaba demasiado, me acusaba demasiado y no me amaba lo suficiente... Ese mismo día decidí cuidar cada una de mis palabras, pensadas y habladas, no puedo decir que de la noche a la mañana cambié mi forma de hablarme, de comunicarme con los demás, pero sí he conseguido algo y es **no menospreciarme, no criticar ni juzgar a nadie, y eso te aseguro que cambiaría la vida de muchas personas**...

»¿Crees que cambiaría la tuya?

»En el aspecto de las **relaciones** la ley de atracción dice que somos como imanes que atraemos a nuestras vidas las personas que están en relación con nuestros pensamientos dominantes y de esto podría hablarte mucho, incluso tú puedes echar un vistazo y comprobar qué tipo de personas se han ido cruzando en tu camino.

»Por suerte también nos dice que podemos cambiar nuestras relaciones en el momento en que nosotros también dejemos de ser lo que éramos, ya que aparecerán en nuestras vidas nuevos vínculos más en sintonía con nuestro ser, con lo que pensamos y en lo que nos convertimos.

»Cuídate de relaciones tóxicas, cargadas de negatividad y pesimismo, puesto que muchas tienen lo que se conoce como mentalidad de cangrejo, y es que no reconocen ni aceptan lo que otros compañeros o amigos son capaces de hacer y que ellos no consiguieron, no valoran el éxito de otro por envidia, desprecio o sentimiento de inferioridad. Tiene este nombre porque si solo tenemos un cangrejo en una cubeta, esta debe estar tapada, puesto que el cangrejo podrá escapar. En cambio, cuando ya pones un segundo cangrejo en la cubeta, puedes dejarla destapada, ya que cada vez que uno intente subir, el otro, en su afán por hacerlo antes que él, lo empujará hacia abajo y esta disputa no permitirá que ninguno de los dos acabe saliendo.

»No te imaginas cómo han cambiado mis relaciones desde que me recuperé de mi enfermedad hasta hoy...

»El primer socio que tuve fue muy importante para mí en los inicios de mi empresa, puesto que gracias a él pude fijar las bases económicas que más adelante nos permitirían una mayor inversión en *marketing* y crecimiento. No obstante, cuando mis metas se elevaron y empecé a pensar en grande, él comenzó a tirar de mí hacia abajo y paralizaba cada una de las propuestas de crecimiento e inversión debido a su excesivo miedo al fracaso y a sus creencias respecto al dinero.

»Yo había continuado formándome, invertía parte de lo que ganaba en formación, y esto me hizo ser más arriesgado, ver más allá, pero la única persona que me comprendía en aquel momento era María, el resto del mundo no sabía qué estaba haciendo, en qué me estaba convirtiendo, aunque yo lo tenía muy claro.

»Una tarde tras una acalorada reunión, mi socio me hizo una propuesta que no podía imaginar en aquel momento. Me pedía el doble de su inversión inicial a cambio de dejar el negocio totalmente en mis manos. Solo quería desvincularse de aquel proyecto que, según él, yo estaba llevando a la quiebra por mis intenciones tan arriesgadas y desproporcionadas en relación con el tamaño de nuestra empresa.

»En aquel momento me sorprendió enormemente su decisión e incluso me paralizó la idea de continuar adelante sin su apoyo. Además, yo sabía que el doble de la inversión inicial era una cantidad excesivamente alta, ya que él también había obtenido beneficios en los aproximadamente dos años que convivimos, y sabía que yo no disponía de ese dinero.

»De todos modos, gracias al apoyo económico y moral que me ofreció María, decidí aceptar y continuar en solitario con mi proyecto emprendedor y vaya si acerté. Al poco tiempo descubrí que su marcha era lo mejor que podría haberme pasado, él estaba haciendo de tapadera para mi empresa, se había convertido en el cangrejo que compartiendo recipiente conmigo no me dejaba salir. Fue ahí donde comencé a despegar y a hacerme un sitio en la élite del fútbol.

»Años después, podía pararme a observar mis relaciones personales tanto dentro como fuera de mi empresa y comprobar que compartían mis ideales, mis ganas por hacer del mundo un lugar mejor y pensar que no existían imposibles.

»Cambié yo, cambié mi forma de mirar el mundo… y todo cambió a mi alrededor.

»En esta parte de la carta he podido encontrar alguno de los principios que más han influido positivamente en mi vida; como el de la **visualización.**

»Papá nos anima a crear nuestra realidad, a visualizar aquello que deseamos como un hecho ya conseguido, ya materializado, y descubrí que este acto de crear no solo era divertido, sino que ¡funcionaba! En mis largas horas de habitación de hospital comencé a hacerlo y ponía en ello toda mi alma. Visualizaba cada situación deseada, cada experiencia o acontecimiento de mi vida lo hacía realidad en mi mente percibiendo los sonidos, los olores, las sensaciones de ese momento en que lo que soñaba llegaban a mi vida… Yo nunca planteé el cómo llegaría, solo aquello que deseaba, el resto lo dejaba en manos de Dios, del universo... y llegaba. Pocas cosas se me han quedado en el camino, Toni. ¿Y sabes lo mejor de todo este proceso? Que, aunque sientas el control, sabes que nada depende de ti, que hay algo muy superior orquestándolo todo, porque siempre te sorprenderá la forma en que se te presentan las oportunidades. La materialización de tus deseos en ocasiones te llegará de la manera más inesperada o de una forma muy diferente a lo que imaginabas, pero ahí estará esperándote... Realiza tu pedido y simplemente CONFÍA...

»Cuando el mundo se me vino encima al perder la pierna y con ella todos mis sueños, una de mis principales preocupaciones era mi futuro profesional. Mis continuos problemas de salud no me permitían plantearme nada a medio o largo plazo, ya que en aquel entonces, como te comenté, lo principal era VIVIR y salir adelante cada día, puesto que mi enfermedad me había enseñado que siempre que ella comenzaba una partida con alguien, sus tiradas acabarían haciéndote perder parte de lo ganado y, en muchas ocasiones, incluso te echaba del juego... Pero también me enseñó que si te mantienes firme, decidido a ganar y tus tiradas son buenas, finalmente acabas ganando la partida y es ella la que se retira... Y esta siempre fue mi opción, sabía que algún día la partida con el cáncer acabaría y que yo sería el ganador...

»Pero ¿y después?... ¿Quién sería? ¿Ángel Peñalosa? ¿A qué me dedicaría cuando todo lo que había soñado se había vuelto imposible o ya no me atraía?...

»Mi única dedicación era la de salir a contar historias vestido de pirata y esto me encantaba, lo interpretaba con pasión y disfrutaba haciéndolo. No obstante, sabía que no podría ser mi profesión porque algo en mi interior me hacía sentir que mi llamado, mi aportación al mundo, debía ser otra... pero ¿cuál?...

»Ya me había acostumbrado a visualizar, a vivir en mi mente lo que deseaba ver en mi mundo material, sin embargo, en lo relacionado con mi futuro profesional, no me atrevía a imaginar nada porque mi propósito de vida aún no estaba claro.

»Por fin, en una de las largas y hermosas conversaciones con tía Lui por los jardines del hospital, una de sus mágicas preguntas me mostró la respuesta…

—Lui, no sé qué será de mí cuando salga de esto, cuando todo haya acabado y abandone por fin el hospital, quién seré, a qué podré dedicarme en mi situación.

—¿Y cuál es tu situación? —preguntó Lui, como siempre buscando mi propia reflexión.

—Ya sabes, tendré una pierna menos, no sé cómo podré caminar, si me adaptaré a la prótesis…

—Si miras al futuro, ¿cómo te ves? ¿Cómo te va con las prótesis, por ejemplo?

—Yo me veo bien, pienso que podré caminar e incluso correr, porque no seré el primero en hacerlo, ya hay muchos que han conseguido llevar una vida normal, pero a nivel profesional no sé a qué me podré dedicar, no hay nada que me apasione, siento que mi vida no tiene propósito y esto me preocupa.

—Entonces, ¿qué es lo que te falta, una pierna o un propósito?

—Las dos —bromeé.

—Y cuando haces visualizaciones, ¿te ves con pierna? —Tía Lui seguía con su eterno interrogatorio.

—¡Claro! La prótesis es perfecta, se adapta como un guante y me permite todo.

—¿Y tu propósito de vida? ¿No está junto a ella?

»Y ahí terminó la sesión de preguntas, esa fue la última, la que encendió la luz. Comencé a pensar en voz alta, observando la sonrisa de Lui.

—No, no está y debería, claro, lo que me gustaría es tener un propósito de vida, pues voy a verme viviendo una vida con propósito, da igual, el que sea, pero será ¡MI PROPÓSITO!

»Fue así como comencé a visualizarme feliz, contento con mi propósito de vida, del que nada sabía, del que aún no conocía mucho excepto un único detalle, una característica era clara y fuese lo que fuese debería cumplirla... mi propósito serviría de ayuda a otros...

»Y así lo planteé: mi propósito de vida, desde aquel momento, era encontrar mi propósito... y confié...

»En mis sesiones de gimnasio del hospital conocí a mucha gente, la mayoría, como Lucas, pasaban allí algún tiempo mientras recuperaban alguna lesión y luego se marchaban, pero yo continuaba allí, esperando al siguiente paciente con quien entablar una conversación que me distrajera durante la rutina de ejercicios.

»Un día apareció por allí Mikel, uno de mis antiguos entrenadores que comenzaba a recuperar la movilidad de uno de sus hombros tras haber sufrido un accidente de tráfico sin graves consecuencias.

»Me reconoció al instante y gustosamente respondí al mismo cuestionario que solía responder cada vez que conocía a un paciente nuevo. Tras este, me tocó a mí el turno de preguntas y, como bien había aprendido de Lui, procuré que fuese él quien hablase más que yo; es la mejor forma de aprender, dejando que los demás hablen más que tú.

—Pues, Ángel, hace un par de años que hago algo más que entrenar. Me formé en *coaching* deportivo y me encantó, así que comencé a trabajar primero con el equipo de mayores y poco a poco con otros equipos, hasta que prácticamente dejé de entrenar y ya hago *coaching* la mayor parte del tiempo.

—¿*Coaching* deportivo? ¿Qué es eso? —Era la primera vez que escuchaba ese nombre, no sabía qué era, pero me atraía porque la palabra *coach* me sonaba a entrenador y esa era una de las opciones de futuro que barajaba.

—La función del *coach* puede decirse que es la de ayudar a otros a alcanzar metas o en ocasiones a ayudarles a buscarlas, ya que hay mucha gente que no las tienen definidas ni saben cómo hacerlo. Esto llevado al mundo del fútbol es lo mismo, pero las metas son compartidas y, aunque se realice un trabajo personal, el fruto debe ser para el equipo.

»No necesité más aclaraciones, más definiciones técnicas, la descripción que mi antiguo entrenador acababa de ofrecerme me enamoró por completo y supe que aquella era la respuesta que estaba buscando, mi propósito de vida había aparecido por fin.

»Por suerte para mí, pude compartir con él casi dos meses de rehabilitación, así que no solo aprendí mucho, sino que nos hicimos buenos amigos. Al acabar su recuperación, me prometió que, si quería, en cuanto saliera de allí me podría buscar un equipo al que entrenar y volver así a pisar el terreno de juego que tanto me gustaba… De nuevo la vida me sonreía y supe que solo era el principio…

»Durante este tiempo comencé a usar el ordenador de papá, con el que no paraba de buscar informaciones y cursos que podría realizar para formarme como entrenador o *coach*, y fue así, rebuscando entre sus papeles las claves de acceso a determinados programas, como encontré una carpeta que me ayudó a descubrir qué quería decirnos cuando en la carta nos animaba a "dibujar nuestro camino". La carpeta se llamaba **"tableros de visión",** y como ya había leído algo al respecto, la abrí sorprendido porque ni él ni mamá jamás nos habían comentado nada.

»No puedes imaginarte lo impactante que fue aquel descubrimiento para mí: eran imágenes premonitorias, avances de los momentos que más tarde vivirían papá, mamá o disfrutaríamos todos juntos en familia. Cada uno de los tableros de visión, como así los llamaba papá, eran un *collage* de imágenes que representaban deseos que él o mamá querían hacer realidad, y los ponían allí a modo de panel visionario con la ilusión de que algún día se hicieran realidad. Allí estaban nuestros viajes en busca de los canguros, de la Aurora Boreal, nuestras navidades en Nueva York, nuestras primeras clases de esquí, el ascenso de mamá, la primera maratón de papá… No te imaginas cuántas imágenes, fechadas en meses o años antes de que sucedieran realmente.

»Encontré veinticuatro tableros, y los vi todos, excepto el último, que aún no he sido capaz de abrirlo, sé que muchos de los deseos y sueños que aparecerán en él serán los únicos que no pudieron hacer realidad… Algún día, si me acompañas, lo podremos abrir y verlo juntos.

»Tras descubrir aquello, decidí crear el mío, y puesto que ya tenía claro cuál sería mi propósito de vida, coloqué en el centro de aquel cuadro una foto de uno de mis entrenadores favoritos dirigiendo una charla a su equipo, y esto me representaría a mí frente a un equipo importante, y sobre la foto escribí un gran titular que ponía "*Coach* internacional". No sé por qué escribí aquello de internacional, la verdad, quizás sentía que le daba más importancia a esta profesión que empezaba a descubrir, quizás fue mi subconsciente que apuntaba a lo más alto, pero al leerlo ahí y sentirlo como algo mío me gustaba, así que decidí dejarlo.

»También, junto a otros pequeños deseos, retoqué una foto mía y me situé junto a una chica de la mano, que representaba que había encontrado el amor, ya que por aquel entonces eran muchos los prejuicios que tenía debido a mi invalidez.

»Cada mañana, al levantarme, como nos indicaron papá y mamá, daba gracias por todo cuanto la vida había puesto en mi camino, por cada una de las oportunidades que la vida me brindaba, y tras estos minutos de reflexión, visualizaba mi tablero con aquellos deseos que esperaba pronto fuesen parte de mi vida y también daba gracias por cada uno de ellos, sintiéndolos como si ya fuesen una realidad en mi presente.

»Te parecerá mentira, Toni, pero en menos de un mes creé mi tablero número dos, lo que significaba que muchas de las cosas del tablero número uno ya se habían materializado y las había alcanzado… y esto me hizo soñar aún más alto…

»Tan solo habían pasado dos semanas desde que mis sesiones de rehabilitación fueran algo más aburridas al no estar conmigo Mikel, cuando un día regresó para saludarme y sorprenderme.

»Uno de los entrenadores de las categorías inferiores dejaba su plaza debido a una oferta de trabajo, así que si yo lo deseaba podría comenzar a entrenar a ese equipo mientras encontraban a un entrenador titulado. Por supuesto no lo dudé y acepté la oferta. Comencé así a entrenar a un grupo de chicos mientras estudiaba para titularme como entrenador de fútbol y *coach* deportivo.

»No tuve que hacerlo mal del todo, ya que al terminar la temporada me ofrecieron un contrato formal para entrenar al equipo en una categoría superior y por las dos próximas temporadas. De nuevo debería modificar mi tablero de visión.

> *"Todo lo que plantamos en nuestra mente y nutrimos con la repetición y la emoción un día se convertirá en una realidad".*
>
> Earl Nightingale

»Descubrí así que alcanzar objetivos, que lograr las metas que me proponía en mi tablero, no dependía solo de las visualizaciones que hacía por la mañana, no solo eran fruto de mis deseos por alcanzar metas, sino de la mezcla del esfuerzo y la dedicación por un lado, y la actitud positiva con la que yo afrontaba el reto por otro.

»Esto me ayudó a comprender por qué los sueños pueden hacerse realidad y al mismo tiempo descubrí por qué son tan pocos los que se atreven a salir a buscarlos. Porque en su búsqueda habrá momentos en que el miedo te paralice, porque salir de lo que conoces y dominas no es fácil, te hace dudar, te crea conflictos y la mayoría de las veces terminas convenciéndote de que permanecer donde estás será lo mejor, **cuando la realidad es otra, las mejores recompensas, las más grandes oportunidades, están justo al otro lado de tus miedos...**

»Por suerte, pronto apareció María en mi vida y con ella mucho más apoyo a todo lo que me proponía alcanzar. Ella en todo momento me animaba a romper barreras, a evitar los prejuicios que yo mismo me autoimponía y a no escuchar a los que intentaban ponerme aún más obstáculos en mi carrera profesional.

»Fue todo muy rápido, Toni, porque en aquel mi primer año de entrenador, fui pirata-payaso de hospital, apoyo de jóvenes en busca de sentido, *coach* de los mejores jugadores del equipo y, lo más importante… FELIZ… Cuando vives una vida con propósito, todo te resulta mucho más fácil, y no es que la vida te sonría, es que tú le sonríes a la vida y a esta no le queda más que ofrecerte su mejor versión… aunque a veces te la ofrezca disfrazada de fracaso…

»Comencé a notar que Mikel ya no se mostraba tan simpático y agradable en sus conversaciones conmigo, que incluso me evitaba en ocasiones cuando nos veíamos por las instalaciones deportivas. Y empecé a sospechar lo que estaba pasando. Mi equipo estaba en la cabeza de la tabla, éramos líderes en la liga, y el suyo no estaba pasando por buenos momentos.

»Para mí era una situación de lo más normal, él entrenaba a uno de los grupos más complejos del club, eran chavales de entre diecisiete y diecinueve años, mientras que los míos eran mucho más pequeños y las exigencias competitivas no eran tan altas, pero a esto debíamos unirle que ya algunos de sus jugadores habían solicitado que fuese yo quien les apoyara como *coach* y otros del equipo senior, que militaban en categoría semiprofesional, también lo habían hecho. Esto, en cierta medida, robaba protagonismo a Mikel, que hasta este ese momento había asumido por completo estas funciones.

»De todas formas, yo no actuaba si no era bajo su consentimiento, así que todas las propuestas que me llegaban las consultaba con él y las dejaba en sus manos para que él, junto a otros miembros de la junta directiva del club, lo decidiese.

»La mayoría de las propuestas venían denegadas o se ignoraban, de tal forma que pasaban las semanas y mis actuaciones no iban más allá de las que había asumido en la primera parte de la temporada.

»A mí no me afectaban estas decisiones que, aunque no compartía, no perjudicaban mi labor profesional, y además intuía cómo se estaba sintiendo Mikel y jamás podría defraudar a quien tanto me había ayudado.

»Sin embargo, al acabar la temporada, sí tomaron una decisión que me afectaba negativamente, que me perjudicaba en mis posibilidades de crecimiento profesional y hacía romper los acuerdos a los que habíamos llegado.

»Mi equipo había sido capaz de ganar la liga y de ascender una categoría y esto me otorgaba el derecho de continuar siendo su entrenador durante, al menos, un año más. La continuidad y la unión del grupo es muy importante en estos casos y siempre se habían respetado estos acuerdos. No obstante, Mikel, junto al presidente del equipo, el mismo día que celebrábamos nuestro ascenso junto a las familias de los chicos, me comunicó que para la próxima temporada mi nuevo reto sería repetir la hazaña, pero esta vez con el equipo de ocho a diez años...

»Sabía que esta propuesta realmente no tenía la intención de ayudar a otro grupo de chavales, era evidente que no había sido tomada pensando en el beneficio de los niños, ni siquiera del club, ya que este grupo tenía un gran entrenador que lo había hecho muy bien esa temporada y era muy querido por todos. Estaba claro que esta decisión se había tomado desde el miedo y no desde el amor... Miedo a la pérdida del control, del protagonismo, de la relevancia de la labor que Mikel desarrollaba en el club, y como todas las decisiones basadas en el miedo, no tuvo un final acertado...

»El temor infundado de Mikel a que alguien llegara a ser más importante que él en el club, a que un nuevo *coach* acabara relegándole a un segundo puesto, a que el alumno adelantara al maestro… provocaron mi destitución y con ella una nueva oportunidad para mí. Lo que en aquel momento tomé como una gran injusticia, como un gran revés para mi carrera profesional, resultó ser todo lo contrario.

»Miré hacia delante, me enfoqué en lo positivo que aún podía depararme todo lo que había aprendido y **decidí amarme, quererme** y no dejar que aquella injusticia me afectara. Continuaría entrenando a los más pequeños, no defraudaría a quien me dio la oportunidad de entrar en el mundo del fútbol nuevamente, pero comencé a hacerlo de manera paralela a mi actividad como *coach* deportivo, esta vez tanto dentro como fuera del club, ya que no podía dejar que sus miedos pararan mi crecimiento.

> *"Cada adversidad lleva en sí la semilla de un beneficio igual o mayor".*
>
> Napoleon Hill

»Y en mi afán por SER uno de los mejores profesionales en mi campo seguí formándome, leyendo, asistiendo a charlas y seminarios, y entre los futbolistas se fue corriendo la voz de que un joven con una sola pierna era capaz de hacerte meter el gol de tu vida con tan solo tres sesiones de trabajo… y en parte, tenían razón.

»Yo no enseñaba a jugar al fútbol, no daba clases tácticas, simplemente les hacía descubrir la grandeza que guardaban en su interior, las posibilidades que se mostraban a su disposición, **los programaba para el éxito** y de una u otra forma siempre lo acababan alcanzando…

»El resto vino solo, Toni, no tenía más que esperar. Ya sabes que recibes lo que das, y aunque en aquel momento no supe verlo, todo lo que estaba haciendo no tenía más opciones que venirme devuelto. Yo no podía estar llevando a lo más alto a un futbolista tras otro mientras yo permanecía en la parte baja de la tabla... Fue así como en dos años pasé de trabajar con futbolistas de base a jugadores profesionales... y lo mejor aún no había llegado...

»Como ya te conté, montamos una sociedad de *coaching* deportivo, porque así podría atender la gran demanda de jugadores y equipos que tenía, pero pronto mi socio se dio cuenta de que mis sueños eran mucho más altos que sus miedos, por lo que decidió marcharse y fue ahí, en esta nueva desilusión, en este nuevo principio de fracaso, donde se escondía la semilla de mis mayores logros.

»Decidí continuar y comencé a formar a jóvenes *coaches*, entre ellos a Robert, un chico bastante más joven que yo, pero con muchas ganas de aprender, de llegar lejos. Él también descubrió en el mundo del *coaching* su pasión, su propósito de vida, y llegamos a compartir tanto que acabó siendo mi mano derecha.

»Al mismo tiempo, mis relaciones comenzaron a ser distintas también. Pasaba mucho tiempo con exjugadores, directivos y representantes de los más grandes jugadores y equipos del mundo. »Mi historia impactaba y, muy al contrario de lo que siempre pensé, no solo dejó de perjudicarme, sino que sirvió de ejemplo para muchos y me dio a conocer entre los grandes clubes... Al igual que tú, hermano, mi nombre no aparecía en ninguna revista ni diario deportivo, pero detrás de muchos de los futbolistas de élite y equipos que ves en la tele estuvo mi trabajo como *coach*. No fue fácil, nadie me regaló nada, pero disfruté durante todo el proceso.

»Mi tablero de visión número siete se había cumplido prácticamente en su totalidad cuando el diagnóstico de María lo paró todo durante mucho tiempo…

La vida de Toni…

—Qué diferente podría haber sido mi vida, Ángel, de haber abierto la carta. Ahora comprendo muchas de las cosas que me han pasado y descubro lo valiente que has sido afrontando tantos momentos difíciles a lo largo de tu vida. Siempre pensé que, de los dos, tú eras el niño mimado de papá y mamá, y que desde allá arriba te mandaban una vida de ensueño y alegrías. Me aparté de ti, de Tía Lui, pensando que la vida os sonreía. Jamás escuché ninguna de tus dificultades, solo me llegaron algunos mensajes de tus éxitos y de la buena vida que habías logrado alcanzar, y ahora veo que tu camino ha sido incluso más difícil que el mío, que fui yo quien jamás quise ver los momentos en que la vida me sonreía y tú, en cambio, hasta en las experiencias más duras supiste encontrar motivos para dar gracias y seguir adelante.

»Jamás pensé en cómo me estaba influyendo la ley de atracción y en cómo yo mismo me fui creando tableros de visión de manera inconsciente cuando solo pensaba en estar en la calle con los amigos cerca de las drogas, cuando abandoné mi pasión por el dibujo y las artes, cuando actué desde el miedo y la envidia buscando un ascenso en mi trabajo o cuando tantas y tantas veces solo pensé en mí y en mis propios intereses…

»Realmente, también logré conseguir cosas de las que me propuse, aunque luego no supe aprovecharlas… Siempre soñé con vivir y viajar a las grandes capitales, pero al igual que ese *cowboy* que se dejaba llevar por su caballo, yo me dejé llevar por mi forma de actuar, tan interesada e irresponsable. Llegué a estas grandes capitales siempre sin metas que alcanzar, siempre huyendo de algo, y así me fue, de todas y cada una de ellas solo guardo malos recuerdos, incluso de Nueva York, donde viví los mejores momentos con Rosa, incluso de allí tuve que huir y dejar a la mujer de mi vida, aquella que lo estaba cambiando todo, ahora descubro por qué... Ella, al igual que tú, conocía los principios de la carta, los aplicaba e incluso me intentó explicar algunos de ellos, ya que los conocí en el seminario donde nos encontramos por primera vez, donde el destino nos unió pese a que yo intenté evitarlo... Sabes que nunca he creído en eso, hermano, para mí la vida es una cuestión de suerte, de rachas, y yo siempre viví en la mala. Pero ese día algo me dijo que debía hacerle caso a lo que me sucedió... Te contaré algo que jamás le conté a Rosa, ni a nadie...

»El día que coincidí con Rosa en el grupo de trabajo, que como ya te he dicho éramos solo veinte agrupados por el azar de entre más de diez mil personas en un seminario a seis mil kilómetros de Sitges, ese día también intenté huir. No podía concebir la idea de compartir tantas horas con alguien que me hacía recordar los mejores años de mi vida cada vez que la miraba. No te imaginas lo que comencé a sentir desde el momento en que descubrí que ella era La Cenicienta: tantos recuerdos de nuestras calles, nuestra casa, volvieron a mi mente los abrazos y los besos de papá y mamá... incluso su perfume, ¡olía a mar! Y esto me trasladaba a nuestras noches de juego y fiestas en la cala... Me volví un niño y, lleno de añoranza y cargado de emociones, decidí salir de allí...

»Esas emociones me demostraron lo que intuía: que yo jamás debería haber ido a ese tipo de eventos. No sabía por qué tuve que intentar probarlo solo para llegar hasta allí y encontrarme de nuevo con la realidad de mi vida, con todo aquello que un día perdí y no era capaz de borrar de mi mente; mi pasado me perseguiría hasta el fin del mundo.

»Ese evento me recordaba tu invitación y me volvía a unir a ti y a tu vida perfecta de chico con suerte, esas cosas no eran para Toni Peñalosa, eran cosas del hermano afortunado de la familia... Pero ahí estaba yo, yendo contra mis principios, asistiendo a uno de los cursos que un día me propusiste, donde un iluminado intentaría hacerme ver que mi vida podía ser tan maravillosa como la suya porque él tenía una varita mágica que podría venderme, en lugar de decir la verdad: que él había sido un tipo afortunado y que, gracias a su don de palabra, fue capaz de engañar y de seguir engañando a tantos y tantos incautos que le creían, que pensaban que realmente existía esa varita mágica que les vendía.

»Sin embargo, la varita mágica de aquel tipo me agarró allí, me unió a Rosa, no sabes con cuánta fuerza, y hoy, después de todo lo que me has contando, puedo decir que fue el destino quien nos unió aquel día...

»Como te he dicho, tantas cosas pasaron por mi mente que decidí salir de allí sin decir nada a nadie, sin avisar de que me marchaba ni a mi compañero, ni a Rosa, ni a los responsables del grupo. Simplemente me levanté con la intención de ir al baño, pero en su lugar, al salir de la sala, opté por la dirección de salida.

»Me dirigí a mi coche sin mirar atrás, temía que alguien me preguntase por qué abandonaba, por qué huía de nuevo...

»Me costó localizarlo en aquel océano de vehículos, lleno de colorido y luces producidas por los primeros rayos de la mañana que se reflejaban en los cristales, pero recordé el número de calle donde lo aparqué, era el de nuestra casa en Sitges, el 23, aquel número mágico que tanto me ilusionaba de pequeño cada vez que me lo encontraba en anuncios televisivos o en adornos de ropas deportivas.

»Al llegar a la puerta de mi coche, justo delante de esta, una de las octavillas de publicidad que se repartían en la entrada al recinto llamó mi atención, tuve que mover el pie para no pisarla al abrir la puerta y esto me permitió leer un mensaje que destacaba delante de una imagen muy llamativa...

"De dónde vienes no determina a dónde vas".

Tony Robbins

»Y no pude más que agacharme a recogerla y volverla a leer... Sin pensar en lo que hacía, de forma automática entré en el coche y comencé a pensar en el sentido de aquella frase, "...no determina a dónde voy...", y arranqué el coche pensando en esto, a dónde iba, qué camino había marcado en mi vida, qué esperaba de esta... Y no obtuve respuesta...

»Toda mi vida había sido un fracaso, un error tras otro, y ahora de nuevo me veía allí huyendo hacia ninguna parte, pero esta vez huía de mi infancia, de mis mejores recuerdos, de los momentos más felices de mi vida... Y pensé que quizás Rosa no fuera más que una señal en mi camino, una de esas oportunidades que pueden determinar tu vida, y que quizás la suerte por fin había venido a sonreírme... Pero no, eso era una estupidez, llevaba solo cincuenta minutos allí y ya estaba pensando chorradas. No era más que pura coincidencia, esa frase seguro que le podría aportar significado a más de la mitad de la población mundial... Y entonces le di la vuelta a la octavilla, por pura curiosidad o quizás fue intuición, no sé, pero la giré y lo que leí me impactó aún más que la frase anterior, aquello me hizo parar el motor del vehículo y volver a leerlo todo varias veces más…

»En el otro lado del papel solo aparecía una única frase, no había imágenes, solo un fondo azul como el cielo de aquella mañana, y en grandes letras blancas la frase que tantas veces habíamos oído en casa, la frase con la que papá y mamá nos presentaban la carta que nunca abrí…

"La vida es como un espejo, te sonríe si la miras sonriendo".

Mahatma Gandhi

»No podía creerlo, aquello no podía ser otra cosa que una señal del destino que llamaba a mi puerta, y esta vez, por suerte, opté por no dejarla pasar, decidí abrirme a la posibilidad de iniciar una nueva vida, a lo que pudiera pasar en aquel fin de semana, y guardando ese papel tan lleno de magia en mi bolsillo, volví a la sala donde descubrí el amor de mi vida.

»Jamás conté a nadie lo que me sucedió en aquellos veinte minutos que "fui al baño", pero en el transcurso de aquella formación descubrí que tenía mucho que mejorar en mí y que Rosa podría ser quien me ayudara a conseguirlo.

»Ella ya tenía un gran aprendizaje hecho, Ángel, lo sabes, y aún no sé cómo pudo fijarse en un tipo como yo, tan distinto a ella, con tan pocos valores…

—Seguro que has escuchado que el maestro solo aparece cuando el alumno está preparado… muy probablemente ese fuera tu momento y ella tu maestra…

—Me duele tanto lo que le hice. Ella lo dio todo por mí y pagué tanto amor como me dio con el mayor de los desprecios, el abandono, sin ninguna explicación ni más alternativa posible que aquella que me ofrecía el miedo y el arrepentimiento.

»Ahora lo veo todo mucho más claro, vibraciones similares se atraen, vibraciones distintas se repelen, otro de los principios que aprendí, hermano, y tú me has hecho recordar... yo no podía estar a su lado mucho tiempo...

Ángel se levantó y permaneció en la ventana con la mirada fija a la calle.

—Te recuerdo, querido hermano, que nada de lo que hayas hecho en tu vida puede ser considerado un error, todo lo que me has contado no han sido más que aprendizajes, parte de la partida que tú has venido a jugar y, muy probablemente, aquel Toni que llegó a Estados Unidos no es el mismo que hoy está ahí sentado con un viejo papel arrugado en el bolsillo.

—¿Cómo sabes que aún guardo ese papel, hermano?

—Cuando las señales son tan fuertes, uno no puede desprenderse de ellas tan fácilmente, Toni.

—También guardo la carta, siempre la he llevado conmigo, esperando el momento de abrirla, pero sin atreverme a hacerlo... Esa ha sido mi vida, un gran número de éxitos en los errores y un error para cada éxito.

—Toni, ya has aprendido que todo depende de ti y que, como has podido ver, TÚ DECIDES A DÓNDE VAS, yo he venido para acompañarte. Si me dejas, haremos parte del camino juntos, alcanzarás grandes éxitos, pero esta vez desde el SER y el servicio a los demás, y probablemente no seamos solo dos...

Enseñanzas de la carta...

> *"No soy producto de mis circunstancias, soy producto de mis decisiones".*
>
> S. Covey

Elabora tu tablero de visión, tu *collage* de los sueños, tu mapa de metas..., como quieras llamarlo, pero crea el tuyo. Podrás hacerlo con tu móvil, tu ordenador o simplemente recortando fotos de revistas y pegándolas en una cartulina. La forma no importa, lo que realmente marcará la diferencia es que lo elabores y comiences a poner foco en lo que realmente deseas.

Cuando quieres cambiar tus circunstancias, primero debes cambiar tus pensamientos.

Hace unos años preguntaron a un actor norteamericano qué hacía cuando aún no era famoso, cuando todavía se preparaba como actor novel antes de alcanzar los grandes contratos de Hollywood, y esta fue su respuesta...

"Siempre he creído en la magia. Cuando todavía no hacía nada en esta ciudad, subía todas las noches a Mulholland Drive, me sentaba allí y miraba la ciudad, extendía los brazos y decía: ¡Todos quieren trabajar conmigo! ¡Soy un actor excelente, tengo toda clase de ofertas para trabajar en magníficas películas! Repetía simplemente estas frases una y otra vez, convenciéndome, literalmente, de que me esperaban un par de películas. Conducía mi automóvil montaña abajo listo para convertirme en el dueño del mundo mientras decía: Me esperan las ofertas para trabajar en películas. Solo que aún no las escucho"...

Poco después, este actor firmó su primer cheque de diez millones de dólares por participar en la película *Dos tontos muy tontos*, él era Jim Carrey, que ha reconocido en muchas ocasiones que siempre ha usado el poder de la ley de atracción y las visualizaciones para sus metas personales.

También en Hollywood, unos años antes, Steven Spielberg estuvo casi un año paseándose por los platós de las productoras como si ya fuese un director reconocido ofreciendo su trabajo. Cuando para todos no era más que un estudiante, en su mente él ya se veía como lo que algún día sería. Cuentan que... fue capaz de simularlo hasta que ya no le hizo falta...

Ellos pusieron atención y enfoque en lo que deseaban, encontraron su deseo, creyeron que podrían alcanzarlo y, lo más importante, comenzaron a **tomar acción**...

Para alcanzar la materialización de lo que deseas debes mostrar a tu subconsciente que esto es posible para ti, y para ello debes actuar en relación a tu propósito. No puedes sentarte a esperar a que aquello que recogiste en tu tablero de visión aparezca por arte de magia, las acciones encaminadas a la consecución de tu objetivo te permitirán alcanzar la vibración de tu deseo y esto es lo que lo acercará a ti.

Entonces recuerda, si no hay acción no habrá resultados.

Una historia de éxito...

"¡Esta niña va a ser artista!"... Le decían a su madre cuando apenas comenzaba a andar. Y no se equivocaron, fue una niña prodigio. Con tan solo trece años hizo su primera gira de teatro, y a los dieciséis ya presentaba su propio programa de televisión.

La vida del espectáculo le sonrió muy pronto, se lo entregó todo y la hizo crecer a pasos agigantados, disfrutando de lo que más le gustaba hacer, permitiéndole llegar allí donde muchos solo llegan al final de su carrera. Con tan solo veinte años, ella ya lo había logrado.

Pero un día descubrió que algo no iba bien. Aquello que antes amaba, aquello por lo que se sentía tan orgullosa y que le había dado cuanto tenía, estaba dejando de tener significado para ella; en su lugar, un vacío interior comenzaba a llenarlo todo.

Aquella niña alegre y radiante que iluminaba el plató a un lado y a otro de las cámaras se estaba apagando en su interior y a gritos de silencio pedía comenzar de nuevo, buscar la ilusión perdida y reinventarse muy lejos de allí, crear algo aún por definir, algo que ni ella misma sabía, pero que sí podía sentir en su corazón... Y nuevamente se lanzó allá donde muy pocos se atreven, dejando atrás la seguridad laboral, la estabilidad económica, los consejos de aquellos que jamás se atrevieron a vencer sus miedos...

Los mismos que, por un tiempo, tuvieron razón y le hicieron dudar de su decisión, porque ella viajó lejos para aprender, para encontrar su propósito de vida, perdido en el éxito de su niñez, pero en su lugar se encontró con el dolor, con el sufrimiento de la derrota, del rechazo, y tras diez años de fama televisiva, protagonizando series y películas, comenzó a encontrar puertas que se cerraban a su paso, oportunidades que nunca se materializaban, respuestas negativas a cada una de sus propuestas, y sin darse cuenta, sin saber por qué, le dio la mano a la palabra "no" y juntas caminaron por casi un año de su vida.

Un día despertó y se descubrió luchando por descubrir su sueño totalmente sola, a miles de kilómetros de su hogar...

Pero como siempre ocurre, detrás de cada derrota, al otro lado del fracaso, esperan las mejores victorias, los mayores premios, guardados solo para aquellos que son capaces de continuar adelante, de no rendirse y creer en ellos mismos, en su capacidad de brillar y hacer brillar a los demás, justo para lo que ella había nacido.

Fue en Londres, allí donde nadie la conocía, donde llegó siendo una simple canguro, donde descubrió que aquello con lo que empezó, el mundo del teatro, era su pasión, y que el poder enseñar a otros todo lo que ella había aprendido de la manera que a ella le hubiera gustado aprender sería su nuevo propósito; y el simple hecho de verse haciéndolo, de visualizar su propia academia, le devolvió la luz.

Esto, de nuevo, suponía un gran cambio en su vida, era algo muy diferente a lo que había hecho hasta entonces, algo que no entraba en sus planes cuando empezó, pero era justo lo que llenaba su alma, una gran academia que ofreciera todo lo que a ella le hubiera gustado encontrar cuando empezaba, y esta academia estaba... justo al otro lado del miedo.

La vida le había enseñado que el miedo se vence con acción, y no tardó mucho en actuar. Aquella niña, nacida para ser artista, volvió a casa años después acompañada de un sueño.

Y allí, en el calor de su hogar, encontró lo que necesitaba: el empuje de su padre y el apoyo de su madre.

Hoy es el espejo donde cada vez más jóvenes, principiantes y profesionales del mundo del espectáculo y la televisión se quieren mirar.

Ella es María Espejo, directora de una de las escuelas de arte dramático más importantes de España.

"Atrévete, vence tus miedos...".

María Espejo

La despedida...

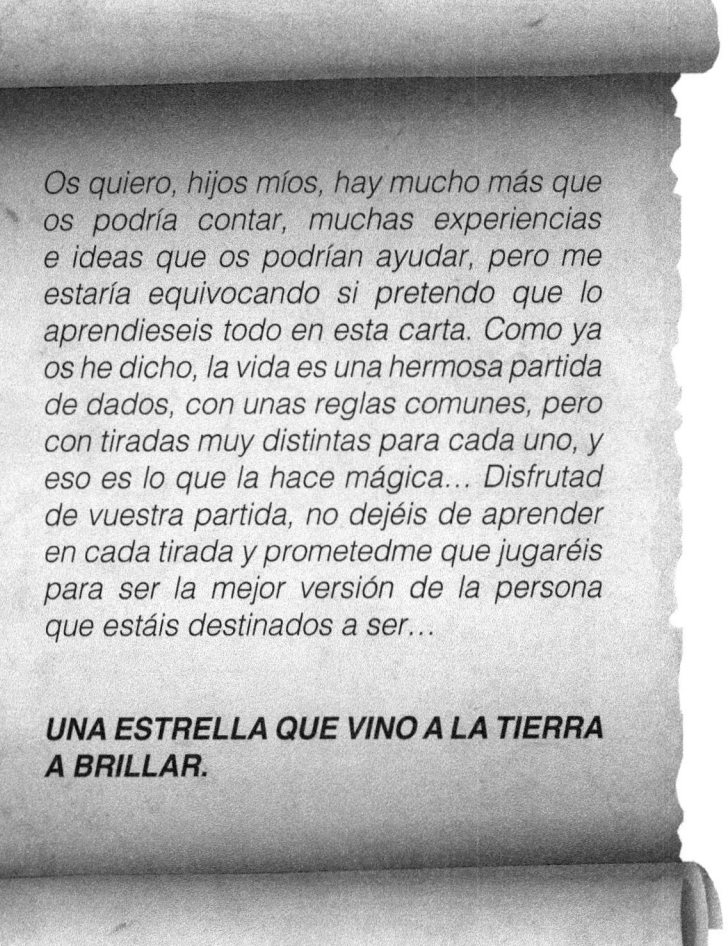

Os quiero, hijos míos, hay mucho más que os podría contar, muchas experiencias e ideas que os podrían ayudar, pero me estaría equivocando si pretendo que lo aprendieseis todo en esta carta. Como ya os he dicho, la vida es una hermosa partida de dados, con unas reglas comunes, pero con tiradas muy distintas para cada uno, y eso es lo que la hace mágica... Disfrutad de vuestra partida, no dejéis de aprender en cada tirada y prometedme que jugaréis para ser la mejor versión de la persona que estáis destinados a ser...

UNA ESTRELLA QUE VINO A LA TIERRA A BRILLAR.

El principio...

Ahí estaba yo, sentado en la misma mesa donde hacía unas horas estuve a punto de quitarme la vida, mirando a aquel ángel que me la había devuelto, a mi alma gemela, la que siempre quise tener lejos, la que siempre evité tener a mi lado pese a los avisos que la vida me fue dando, pero Dios, el universo, o como quisieran llamarlo aquellos que creían en algo más, había decidido que mi partida aún no podía terminar y lo había traído hasta la puerta de mi casa justo aquella mañana...

—Pero, Ángel, ¿cómo me has encontrado? ¿Quién te trajo hasta aquí?

—Te lo diré si no me has mentido y es verdad que aún guardas tu carta. —Su mirada no se separaba de la ventana, parecía esperar encontrar algo en las calles de aquella ciudad fantasma...

—Jamás volveré a mentirte, hermano.

Fui a buscarla a mi habitación y abrí uno de los cajones donde, como siempre, estaba entre alguna de mis ropas. Así había estado en cada viaje, en cada una las casas donde viví... cerca, a la vista, recordándome que hubo tiempos mejores, que algún día debía perdonarles... esperando ser abierta...

El sobre, aunque menos arrugado, tenía el mismo aspecto que la carta de mi hermano, también había sufrido el deterioro del paso de los años. Sin embargo, descubrí que mi carta, aquel papel sobre el que tanto amor habían derramado mis padres treinta años atrás, permanecía totalmente nueva... como la vida que, por sorpresa, iniciaba ese día...

Mientras llevaba la carta a Ángel comencé a sonreír, mi vida ya no sería la misma, la decisión estaba tomada, desde ese momento empezaría a mirarme en el espejo de la vida con una gran sonrisa...

FIN

Cómo continuar tu camino hacia una vida de éxito...

Si te ha gustado **"La carta del éxito"** y quieres CONTINUAR profundizando en los principios que recoge y avanzar en tu aprendizaje de vida y crecimiento personal, descubre mucho más lanzándote a la lectura de **LA TRILOGÍA DEL ÉXITO**, con el volumen dos, **"Prográmate para el éxito"** y el tres, **"Atrévete, ¡crea tu éxito!"**.

La historia de Toni y Ángel no ha hecho más que comenzar, la programación aún no está realizada, el éxito no está asegurado ni en la vida de Toni ni en la tuya propia, asegura tu éxito de la mano de nuevos personajes que te sorprenderán y te mostrarán el camino que toda persona de éxito recorre durante su partida, la que TÚ has decidido empezar desde la posición de los triunfadores.

Descubre como hacerlo en: www.lacartadelexito.com

Y si quieres tener una **SESIÓN DE COACHING PARA EL ÉXITO** conmigo, sube a Facebook / Instagram una foto o video tuya junto a uno de los libros de la trilogía, realiza un pequeño comentario de valoración y envíame tu solicitud a:

cristobalperezbernal@gmail.com

Concertaremos unas sesión de coaching online donde podremos dialogar sobre aquellos aspectos de tu vida que desees mejorar…

Te mereces una vida de éxito, si aún no la has alcanzado, estás a tiempo de cambiar tu programación y lograr la vida que deseas.

Quizás tu pasado no fue lo que esperabas, probablemente tu futuro no sea prometedor, pero eso no debe preocuparte, porque tu cambio comienza hoy, EL AHORA ES LO QUE IMPORTA, TU PRESENTE CAMBIARÁ TU FUTURO…

PROGRÁMATE PARA EL ÉXITO, AHORA ES TU MOMENTO

www.cristobalperez.es

Una recomendación muy especial...

LA VOZ DE TU ALMA es uno de los libros que han transformado mi vida, marcando un antes y un después de su lectura.

Llegó a mis manos hace unos años, cuando aún no era un *best seller* y se abría paso entre la infinidad de libros de autoayuda que las editoriales promocionaban o las muchas recomendaciones que los amigos me hacían. Lo comencé a leer en casa de una amiga que acababa de recibirlo y le estaba encantando.

Las características de aquel libro, la forma en que aquel chaval tan joven narraba cómo había luchado contra todo para poder hacerlo llegar a las manos de los lectores, me atrajo, y en cuanto llegué a casa realicé mi pedido.

De eso hace ya más de cinco años y más de trescientos mil libros vendidos. Hoy Laín me demuestra que sigue siendo él, aquel soñador que intentaba hacer una diferencia en el mundo gracias a su libro y a la forma tan especial de describir los principios universales y la física cuántica.

Me encanta marcar las páginas de los libros que me han aportado alguna idea o enseñanza importante y *La voz de tu alma* es de esos en los que prácticamente todo el libro aparece señalado. Aún hoy, en ocasiones, ante dudas o decisiones importantes, sigo abriéndolo por una página cualquiera y, mágicamente, la respuesta que buscaba, la idea que necesitaba, aparece en forma de ley universal o principio metafísico.

Comencé su lectura hace cinco años, hoy soy un alma imparable, ¿quieres ser uno de los nuestros?

Índice

Reconocimientos a La carta del éxito 9
Prólogo Lain 19

PRIMERA PARTE. El final...
Un final muy distinto 27
Cuando todo cambió 29
Uno no siempre encuentra lo que espera en la fiesta 31
A veces, al despertar, no sabes dónde estás, qué hora es...
y, en ocasiones, ni siquiera quién eres 33
Dos caminos... dos destinos 35
Al otro lado de la puerta 37
El sobre 41

SEGUNDA PARTE. DONDE CAMBIA MI VIDA
La carta 47

CAPÍTULO 1
Primeras enseñanzas 51

CAPÍTULO 2
Nunca recibirás aquello que no has dado, jamás
conseguirás aquello que no eres 75

CAPÍTULO 3
Cuando descubres que de un almendro jamás
brotarán manzanas............................. 107

CAPÍTULO 4
¿Y si algún día descubres que fuiste tú el que
te impidió conseguirlo?.......................... 129

CAPÍTULO 5
El dinero no lo es todo, ni todo es el dinero............ 145

CAPÍTULO 6
Perdona para liberar y descubrirás que el prisionero
eras tú 173

CAPÍTULO 7
Miré a mi alrededor, y descubrí quién era realmente..... 195

El principio... 229
Una recomendación muy especial................. 233

www.ingramcontent.com/pod-product-compliance
Lightning Source LLC
Chambersburg PA
CBHW031423160426
43195CB00027B/386